跨学科创新实践教育丛书
主编　张民生

麦克造物记

基于Boson Kit的小学生创客手册

谢作如　编著

MAKER

上海科技教育出版社

图书在版编目(CIP)数据

麦克造物记:基于Boson Kit的小学生创客手册/谢作如编著. —上海:上海科技教育出版社,2017.9(2023.10重印)

(跨学科创新实践教育丛书/张民生主编)

ISBN 978-7-5428-5918-1

Ⅰ. ①麦… Ⅱ. ①谢… Ⅲ. ①科学知识—小学—课外读物 Ⅳ. ①G624.63

中国版本图书馆CIP数据核字(2017)第097563号

责任编辑 唐 璐 时雪草
封面设计 符 劼

跨学科创新实践教育丛书

麦克造物记

——基于Boson Kit的小学生创客手册

谢作如 编著

出版发行 上海科技教育出版社有限公司
(上海市柳州路218号 邮政编码200235)
网 址 www.sste.com www.ewen.co
经 销 各地新华书店
印 刷 常熟文化印刷有限公司
开 本 787×1092 1/16
印 张 8.5
版 次 2017年9月第1版
印 次 2023年10月第6次印刷
书 号 ISBN 978-7-5428-5918-1/G·3295
定 价 40.00元

丛书总序

在中小学课程改革中,要重点关注跨学科、实践与创新

STEM(科学、技术、工程、数学)教育自被美国提升到国家战略地位以来,受到各国高度关注。在我国,STEM、STEAM("A"指艺术)、STEM+("+"泛指其他学科)也成为热词,关注度很高,一些学校和机构已开展了相应的课程实验。STEM教育起源于美国,其背景主要有三:一是面向未来,美国认为STEM人才十分重要,关乎国家的全球核心竞争力;二是当前美国STEM人才匮乏,高等教育中,STEM领域学生的入学率和保有率持续下降;三是美国中小学生在S(科学)、M(数学)上的表现不如人意,这在历次PISA(Program for International Student Assessment,国际学生评估项目)测试中已反映出来。

当我们借鉴STEM教育时,有一个必须思考的问题:怎样正确认识它对我国教育改革的价值?中国教育与美国教育有共性,但也有很大的差别。教育作为培养人的工作,应当始终植根于本土之中,同时又是开放和面向未来的。对于这一问题,国际教育界也有一些分析值得借鉴。如有专家提出:"从其诞生的背景看,STEM教育具有功利主义的性质……当我们思考STEM教育的价值时,必须将为市场服务的功利主义框架转化为知识创造框架,追寻STEM教育的知识价值和教育内在价值,否则会让原来功利主义的科学教育雪上加霜。"

由于我国当前教育改革的诸多方面与美国提出STEM教育的背景和思考有相似之处,因此,借鉴STEM教育应该是有价值的,但我们必须在本土化过程中,在更好地发挥其教育价值方面进行深入地思考和探索。

首先,STEM教育及其拓展是以跨学科、综合性为重要特征。我国的基础教育课程历来十分注重学科课程,近年的课程改革开始重视综合性课程和跨学科课程(如全国课改中的科学课程、综

合实践活动课程，上海课改中的研究型课程、科学与艺术课程）。但在实施中，这些课程远未达到应有的水平。而就“教育面向未来多变的社会”而言，综合性、跨学科的知识和能力越来越重要，这也是我国当前课改中最新提出的培养学生发展核心素养（即必备品格与关键能力）的重要原因。因此，在课程改革中加强跨学科课程建设和跨学科学习尤显重要。当然，我们还应从更宽的角度考虑“跨”，如文跨、理跨、文理跨，以及课程之间的跨、学习主题之间的跨。“跨”和综合不应是不同学科（或学习主题）的拼盘与混合，而应是融合和整合，是实质上的跨，而非形式上的跨。香港的课程改革有跨学科学习，又有全方位学习，值得我们借鉴。

STEM教育把技术和工程放在突出的位置。英国的中小学也有类似的D&T（Design and Technology，设计与技术）课程。事实上，当今社会，在社会生活、经济发展、科学探索、军事斗争等各个领域中，大大小小的各种问题（主题、项目等）绝大多数都与技术和工程有关。然而，我国中小学课程中技术教育（不包括信息技术教育）没有到位，工程教育则是缺位，这对于作为制造大国的中国而言，不能不说是一个严重的不足。

再者，美国最近发布的中小学《新一代科学教育标准》中，特别重视实践（科学与工程实践）。这使我们想起，上世纪90年代末东亚金融风暴时，中央提出“创新是一个民族进步的灵魂”，由此，素质教育的内涵明确为以德育为核心，创新精神和实践能力的培养为重点。时至今日，在素质教育的推进中，对创新有了不少研究和实验，但在实践方面，无论是认识、研究还是行动都是很不够的。《新一代科学教育标准》中，还提出应以科学实践代替科学探究。知识的学习、升华和应用离不开实践，学生能力的形成离不开实践，创新也离不开实践。

重视实践，力行实践，必须在学生的“做”和“动”中落实：有项目、有创意；学生动手、动脑、合作；过程中有失败、有成功。这样学生就能真体悟、真成长。

实践应渗入到平时所有的学与教活动中，也可以是专门的实践活动，例如“创客活动”，它把学习与实践结合起来，实现了创新与创造。创客活动可发展为“创客教育”，它具备特有的教育价值（如创客文化）。这样的例子还有很多。实验表明，这样的活动深受学生欢迎。

对于“创客”，现今社会的关注度和参与度越来越大，参与其中的学生的反应令人印象深刻，他们的自信心、兴奋度都是一般学习过程难以达到的，这促使我们深入思考很多问题。我们常说要培养学生某种能力，于是设计了很多方案，而学生就进入了一种“被培养”的状态，而能力似乎并不能在这种“被”的状态下形成。在创客教育中，学生处于一种主动的状态，而要进入这种状态，教师的作用不可或缺。这种作用的力点和方向与传统不一样，它所撬动的是“我要创”“我要做”以及“我要如何做”。

推进改革必须针对现实问题。我们的课程改革既可是全面（涉及全部课程）的，也可是部分学科和领域的，前者是全面的考虑和布局，后者是对社会和受教育者需求的及时回应。当然也可是两者的结合，即既有全面规划，又突出重点，本丛书就是想为此作点贡献。

丛书主编　张民生

2016年2月

主编简介：

张民生，国家教育咨询委员会委员，上海教育综合改革咨询委员会委员，原上海市教育委员会副主任，中国教育学会副会长，上海市教育学会会长。

序

造物粒子的英文名为“Boson”,是目前基础物理中人类发现的最小粒子玻色子的英文名字。我给本书配套的器材取名“Boson Kit”,是希望无穷的创意和作品能够通过它得以实现和展示。

这套器材的概念最初来自于我的学生。自2012年起,我受聘于复旦大学上海视觉艺术学院新媒体学院,主要教授学生Arduino及自动控制方面的内容。在教学过程中,虽然学生们给了我很多启示,但我仍深感学生们无穷的创意被他们所能掌握的有限的器材给束缚了。对于学艺术的学生来说,会不会编程其实不重要,会不会Arduino也不重要,重要的是如何去实现创意。而我的问题是:如何通过有限的课时,让学生掌握更多的编程方法和电子技术知识?因此,我一方面在努力尝试不同的教学方法,以帮助他们更好地运用Arduino,另一方面也在积极探索能否从工具着手,优化他们可以利用的工具,以便让他们能更高效地实现创意。经过近两年时间的观察,我发现大部分的学生创意作品其实不需要复杂的编程,只要利用简单的逻辑组合就可以实现。由此,我萌发了为学生设计一套不需要编程就能实现互动创意的工具的想法。于是,“造物粒子”的概念在脑中初现。

在设计造物粒子的过程中,我遇到的主要难点是如何平衡易用性和扩展性。其实,易用性和扩展性是在产品开发过程中常常会遇到的问题,如何兼顾两者对于所有的产品开发都是一个棘手的问题。一次偶尔的机会,我看到一则新闻中说在Minecraft游戏里,有人制作出了一个8位运算器。于是,我带着极大的好奇心浏览了这个游戏的设计,并产生了些许灵感——现代的信息世界其实包含了各种基础逻辑组合,作为数字电路的基本逻辑电路,“与”“或”“非”构建了我们现在所有现代计算工具的基础。Minecraft里的8位计算器正是利用这些“与”“或”“非”的基本逻辑搭建而成,造物粒子是否也可以借鉴其中的做法,通过“与”“或”“非”的排列组合来解决扩展的问题?答案是肯定的。于是,“造物粒子”的理论基础就有了。

2015年4月，造物粒子诞生了。我按捺不住兴奋的心情将它分享给了谢作如老师。谢老师建议将造物粒子给中小学生使用。开始我还担心给大学艺术生设计的器具对于中小学生来说难度过大，但后来，谢老师用造物粒子举办了几次面向小学生的工作坊活动，用实际案例证明了孩子们使用造物粒子的可行性。事实也表明，造物粒子非常适合让科学、艺术学科的教师开设相关创客课程。就这样，《麦克造物记》就顺理成章地出现了。

创造是孩子的天性，给他们合适的工具，他们能创造出令人惊叹的世界。这是想象的力量。希望《麦克造物记》和造物粒子能帮助孩子们展开想象的翅膀，造出心中的梦想。

DFRobot CEO　叶琛

2016年5月31日

前 言

Boson Kit（造物粒子套件）的出现是偶然也是必然，就如我当了20多年的教师后，最终进入创客的队伍，致力研究并推广中小学的创客教育一样。

2015年被称为创客的元年，“大众创新，万众创业”的口号频现于各大媒体。创客运动的本质就是一场教育，面向所有人的教育，而中小学的创客教育，正是“大众创新，万众创业”这一金字塔的基石。当“创客教育”很快被教育界接受，并成为热词的时候，我们开始思考下一个问题：创客教育如何真正在中小学落地？

毫无疑问，仅仅靠着信息技术教师作为创客教育的主力军是远远不够的，创客教育需要更多非技术学科或非信息技术专业的教师参与，如数学、科学、艺术和综合实践活动等学科。否则，其育人价值将大打折扣。但我也清楚地认识到，即便Arduino已经将单片机编程技术的门槛降到很低，对于非信息技术学科的教师来说，编程也永远是一个很难跨越的障碍。即使这个门槛已经如同纸糊，轻轻一踹就倒，说服他们去尝试跨越也是需要颇费一番心思的。但是，如果不强调硬件编程技术，失去了新技术神奇魅力支持的创客教育将很难吸引更多的孩子参与。

我和DFRobot公司的CEO叶琛聊起创客教育时，不经意间提出了以上观点，想不到他也在思考这个问题。叶琛是复旦大学多媒体互动艺术课程的兼职教师，他在上课时，发现好多艺术系的学生不愿意学习编程，设计互动艺术作品时总是为Arduino编程而犯愁。我们想：好吧，那就为这些艺术系学生和非技术学科的教师设计一套器材，让他们不用编程也能设计一些具备简单智能互动特征的作品。

这就是Boson Kit的故事，一个与热爱、与艺术教育、与技术教育相关的故事。相对于著名的LittleBits来说，Boson Kit的最大优势在于它支持几乎所有的三针接口的Arduino传感器。只要创意无限，Boson Kit能创造的作品也能达到无限。何况，“与”“或”

“非”作为逻辑代数中最基本的三种运算，如果提供足够多的模块，甚至可以做出CPU模型，类似“我的世界”（Minecraft）中的红石电路。

2015年暑假，我组建了一个小团队开发基于Boson Kit的课程，并着手编写教材，参与其中的是几位可爱的小女生。其中，肖筱是北京师范大学科学教育系的硕士研究生，本科专业为化学方向；赵叶滢是温州实验小学的科学老师，本科就读于浙江师范大学科学教育专业。她们经过一个学期的教学实践，完成了很多学生作品，形成了这本书的初稿。之后，温州大学教育技术专业的池梦茹和王思琪同学加入这个团队，完成了修改、完善的工作。书中大部分的插图（照片）由DFRobot公司的技术人员提供，在此表示感谢！

肖筱和赵叶滢都不是技术专业的教师，也不懂编程，我们开发的教材内容需要的技术门槛很低，非技术学科的教师就能轻松驾驭，小学三年级到六年级的学生也能顺利开展学习。如果加上更多的传感器，面向初中、高中的学生开课也是可行的。我们希望有更多在手工制作方面有特长的艺术老师利用Boson Kit开课，带着孩子们设计出更多具有交互功能的艺术作品。

这本教材从策划到编写、出版，差不多耗去了一年多时间，完稿后，我们才开始为这本教材命名。此时，常州管雪沨老师团队编写的关于Scratch编程的《麦克奇遇记》出版了。经过商量，我们决定将“麦克（英文“maker”的谐音）这个名字沿用下来，于是，就有了这本《麦克造物记》。

造物是一项综合性很强的工作。简而言之，创客教育就是以造物的形式开展跨学科学习。为了凸显创客教育的“跨学科”特点，我们在教材中有意识地增加了一些与数学、科学、艺术相关的内容，希望能抛砖引玉，让教师设计出更多STEAM方面的学习案例。

本书涉及的作品，都有专门拍摄的视频，供教师们参考。相关资源可以通过我的新浪博客或者DF创客社区下载。DF创客社区是一个汇聚灵感的地方，当你思维枯竭的时候，创客社区能给你带来创作灵感。不管你是学生还是老师，创客社区总会让你惊喜万分，惊叹世界上还存在这样奇思妙想的创意。同时，在创客社区，你还可以进行交流、合作，一起分享创造的喜悦。

由于时间仓促，且编者水平有限，书中难免出现不当和错误，恳请读者提出宝贵建议（可发送E-mail至xiezuoru@vip.qq.com），不胜感激。

谢作如

2016年5月于温州中学创客空间

目录

第四章 大展拳脚

拓展空间

麦克的礼物

男孩儿麦克读小学三年级。他活泼好动，脑袋里总是充满了各种稀奇古怪的念头，喜欢动手搭建各种各样有趣的小玩意。

一天晚上，麦克正要准备睡觉。突然，从窗外飞进来一个小精灵。原来，小精灵给麦克送来了一份礼物——Boson Kit套件。

第二天一早，麦克就开始思考怎么用好这个礼物。朋友们，你们准备好了吗？来和麦克一起进入Boson Kit的世界吧！

第一章 初窥门径

麦克对Boson Kit小精灵送的礼物爱不释手。根据小精灵留下的提示，他先认识了Boson Kit的电源主板和输入、输出模块。

迈出探索之旅的第一步，麦克将利用基本模块制作按钮台灯、换挡风扇、报晓公鸡等，熟悉Boson Kit的基本功能。

小伙伴们，和麦克一起来享受造物的乐趣吧！

1.1 按钮台灯

麦克的故事

Boson Kit来帮忙

想要有明亮的阅读环境，只要利用Boson Kit做一盏小台灯就行了。有了它，麦克又能在晚上认真阅读了。为此，你需要找一些废旧材料做出台灯的外形，还要利用超轻粘土、彩色笔等对台灯进行修饰。

线路与原理

1. 线路

制作一盏按钮台灯，需要一个按钮模块和一个小灯模块，将它们连接在电源主板的同一个线路里。

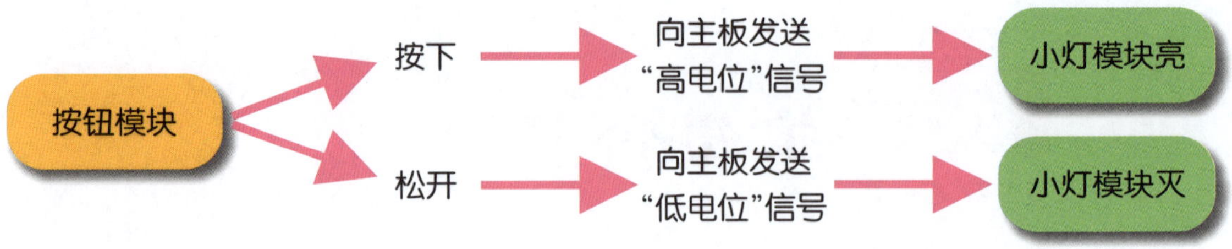

这样，就可以用一个按钮控制小灯模块的亮与灭，制作出一盏按钮台灯了。

2. 按钮模块的工作原理

按钮模块是怎么工作的呢？原来，按钮模块中有弹簧和动、静触点，平时动、静触点是分开的，电路断开。当按下按钮时，动、静触点就连在一起了，电路就被接通了，如图1-1-1所示。

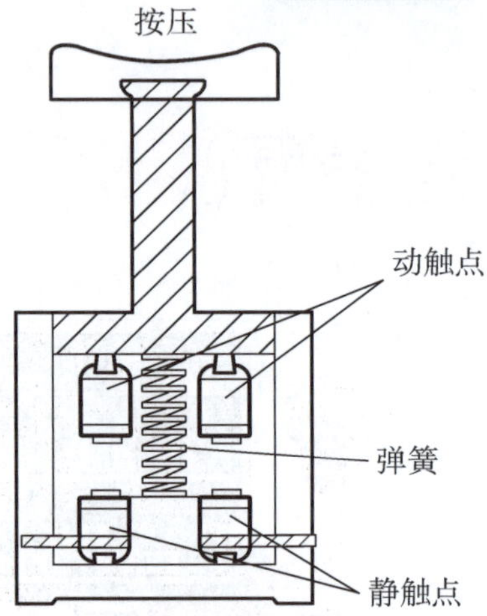

图1-1-1　按钮模块的工作原理

动手制作

1. 元件

将按钮模块作为开关，也就是输入元件，小灯模块为输出元件。因此，需要如下元件：

表1-1-1　“按钮台灯”元件清单

类型	名称	图片	数量
主板元件	3IO电源主板		1
输入元件	按钮模块	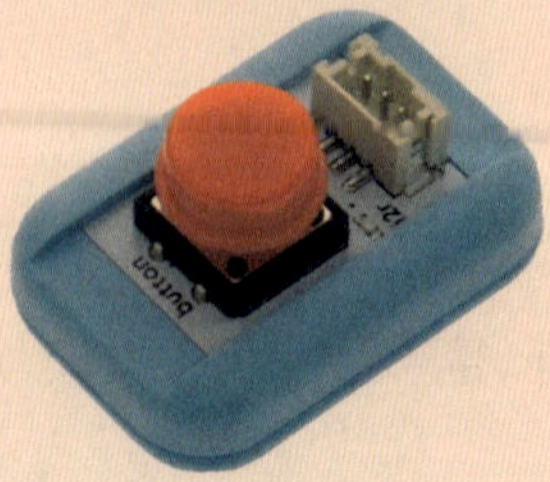	1

（续表）

类型	名称	图片	数量
输出元件	小灯模块	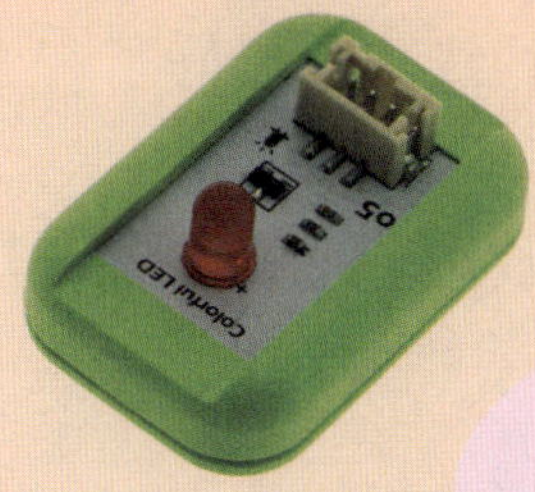	1
其他元件	电源	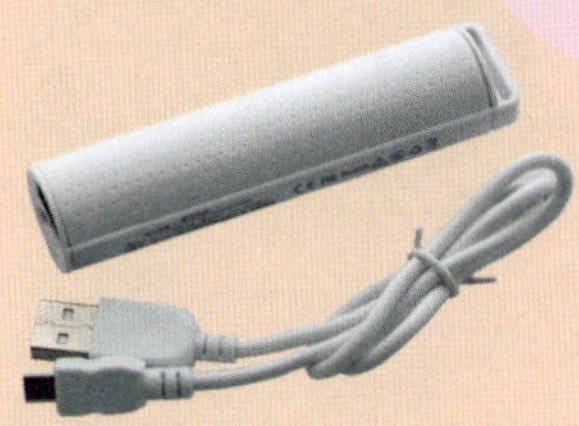	1
	导线		2

注意：也可以将电池盒装上电池，作为电源哦！

2. 元件连接示意图

在这里，我们省略了电源，导线用箭头来表示，后面所有的章节也都是这样，为的是让同学们更加清楚地看到元件之间的连接方式。你要记得把电路连接完整哦。

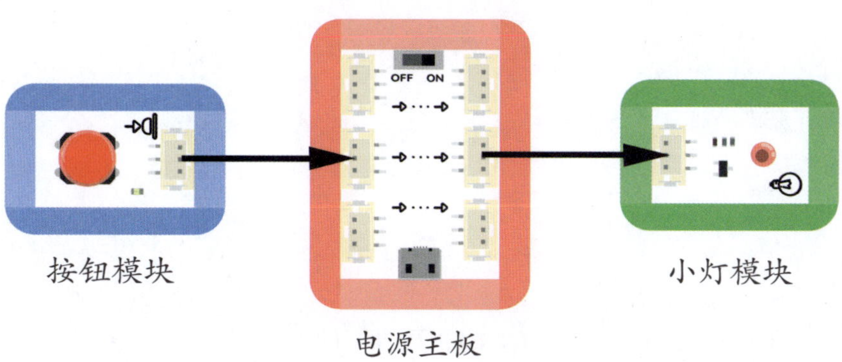

图 1-1-2 “按钮台灯”元件连接示意图

3. 检测

把电池接到主板上，打开电源开关，主板上的指示灯亮起。按下按钮，如果小灯亮了起来，就说明按钮台灯的线路连接好了。

4. 装饰

可以利用瓦楞纸板、彩色笔来装饰台灯，使它的外观更加漂亮。

图 1-1-3 “按钮台灯”装饰图

能力大比拼

虽然本项目中的小台灯按下按钮后会发光，但松手后却不能继续发光。你有办法让小台灯在松开按钮后能继续照明吗？

我的作品

自锁按钮 → 主　板 → 小灯模块

小贴士

找一找，也许套件中会有一个不一样的按钮帮你实现这个功能哦！

我还想知道的事

为什么按下按钮，小灯泡就会亮呢？

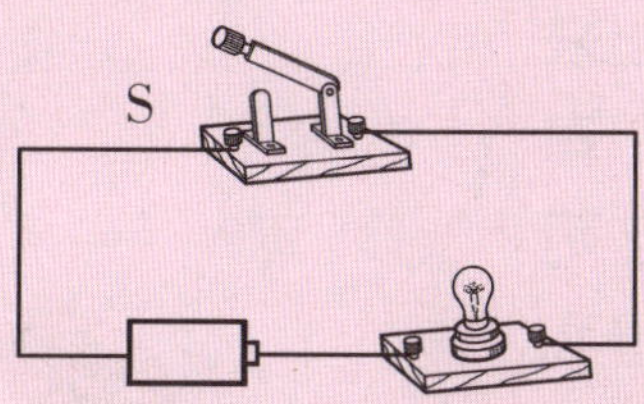

按钮就相当于这里的开关S，当按下按钮，电路连通，小灯泡就亮了。

可是，小精灵，我连接的电路是一条直线，并不像图中显示的那样是一个回路。

其实，我们的电源主板已经为我们完成了这过程。我们可以看到主板背面的英文单词，标有“INPUT”的地方是输入，标有“OUTPUT”的地方是输出。通电后我们只需要控制输入和输出，就可以实现对小灯泡的控制了。

输入和输出是什么？

我们可以把输入理解为控制者，输出则是被控制的那一方，输入给出指令，输出来执行。本项目中的控制者就是按钮，它只有按下和弹开两种输入状态，我们可将这两种状态分别用数字1和0表示，即：要么是高电位1，要么是低电位0，没有第三种状态。接下来我们还会学习其他的输入类型。

1 2 换挡风扇

麦克的故事

Boson Kit来帮忙

对Boson Kit来说，这真是小菜一碟。Boson Kit自带小风扇，还有旋钮，有了这两个模块，一个便携、可调节风速的电风扇马上就能做出来了。只要再自己动手(Do It Yourself，简称DIY)对外观做些加工，一台美观、实用的电风扇就做好了。

线路与原理

要做这样一个电风扇，需要一个按钮模块和一个风扇模块，然后把它们连接在电源主板的两端。如果我们希望风扇能调节风速，那么，简单的按钮模块肯定不能实现这个功能，我们需要用旋钮也叫模拟角度传感器替代按钮。旋钮旋转到不同的挡位，可以取得不同大小的动力，让风扇以不同的速度转动，实现换挡效果。

图1-2-1　现实生活中使用的旋钮示例

动手制作

1. 元件

在这个项目中，我们将选择旋钮作为开关，也就是输入元件，风扇则为输出元件。需要的元件如下：

表 1-2-1 “换挡风扇”元件清单

类型	名称	图片	数量
主板元件	3IO 电源主板		1
输入元件	模拟角度传感器		1
输出元件	风扇模块		1
其他元件	电源	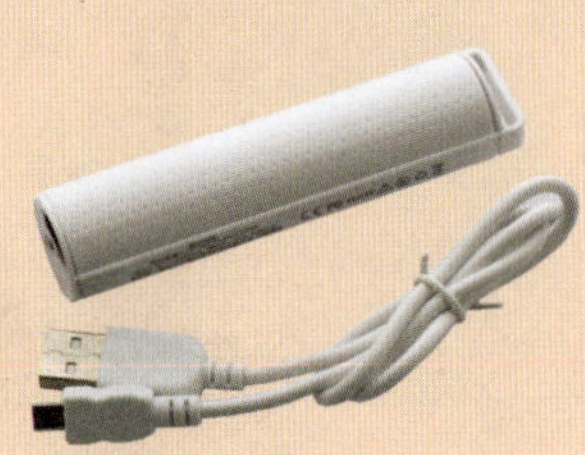	1
	导线		2

2. 连接示意图

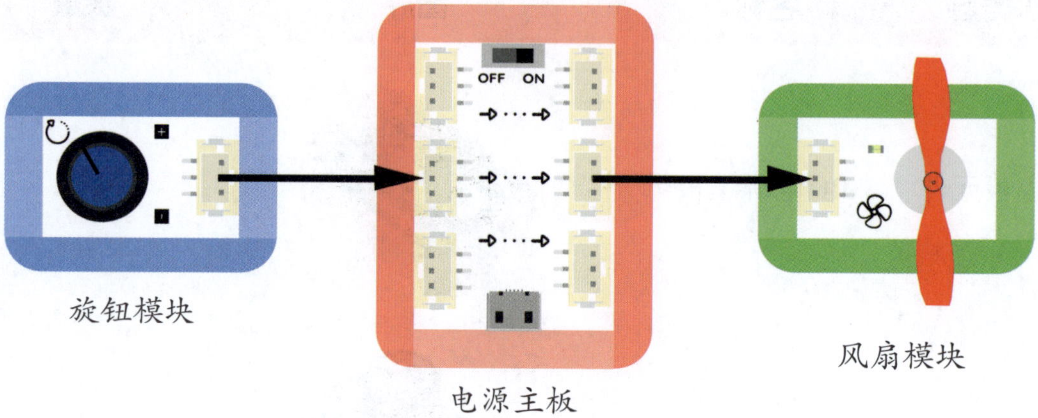

图 1-2-2 “换挡风扇”元件连接示意图

3. 装饰

找一个瓦楞纸板，用剪刀等工具将风扇和旋钮固定起来，把电池主板藏在纸盒里面，小巧的电风扇便有模有样了！现在，只要轻轻转动旋钮，就可以享受到阵阵凉风了。

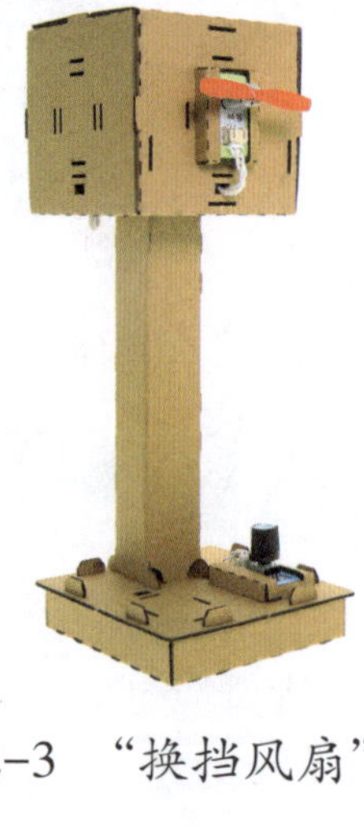

图 1-2-3 “换挡风扇”装饰图

能力大比拼

图 1-2-3 中的换挡风扇外形比较简单，你能做出一个更加美观、更加可爱的电风扇吗？

我的作品

材料：

步骤：

小贴士

除了纸盒子、矿泉水瓶外，平时玩的各类废旧玩具的外壳也是极佳的选择哦！

我还想知道的事

麦克，你知道这次我们使用的旋钮和上一次的输入元件——按钮比起来，有什么不一样吗？

按钮必须一直处于按下的状态，才能让电路接通，而旋钮只要旋转到一定的范围内，电路就都是接通的。

你说得很对，那么还有其他不同吗？

旋钮的旋转角度不同，输出电压就会不同，即风速不同，而一个按钮只能控制风扇的开和关。

对！像按钮这样只能传递开和关两种信号的输入方式叫做数字输入，而像旋钮这样可以连续变化的输入方式叫做模拟输入。模拟输入让输出端有不同的电压值，从而使灯的亮暗程度不同，风扇也可以以不同的速度转动。现在，你知道旋钮为什么又叫做“模拟角度传感器”了吧？

我明白了！因为旋钮旋转角度不同，输入量的大小也不同，这是一种模拟输入。

还有其他的模拟传感器吗？

Boson kit中的声音、光、温度等传感器，都是模拟传感器。

既然有模拟输入元件，那有没有模拟输出元件呢？

当然有！比如小灯的灯光可以由暗到亮变化，风扇的转速可以由慢到快转换，并且这个变化过程还是连续的，那么，相应的输出元件就是模拟输出元件。Boson kit中的输出元件都是模拟输出元件。

13 报晓的公鸡

麦克的故事

Boson Kit来帮忙

Boson Kit 套件里有光敏模块，可以用来感知光线的强弱。另外，套件中的蜂鸣器能发出声音，可以模拟公鸡的叫声。

线路与原理

环境光传感器是模拟输入元件，从弱光到强光有一定的感应范围，感受到较强的光时，光敏模块输出高电位，使蜂鸣器发出声音，模拟公鸡啼叫。光线越强，输出的电压就越高，蜂鸣器发出的声音越响。同样，蜂鸣器也是模拟输出元件。

动手制作

1. 元件

我们用输入元件环境光传感器来感受光的变化，用蜂鸣器作为输出模块模拟公鸡的叫声。需要的元件有：

表 1-3-1 “报晓的公鸡”元件清单

类型	名称	图片	数量
主板元件	3IO 电源主板		1
输入元件	环境光传感器	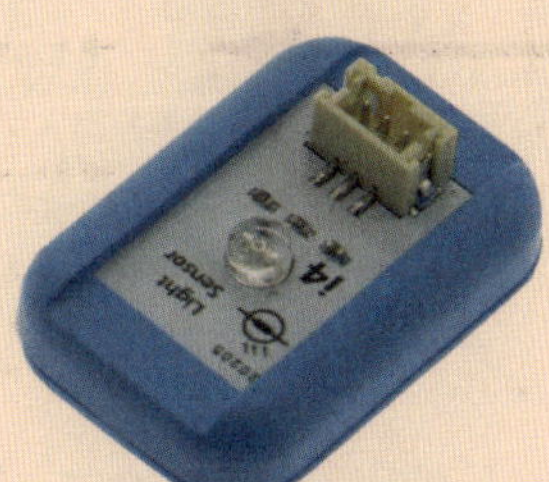	1
输出元件	蜂鸣器模块	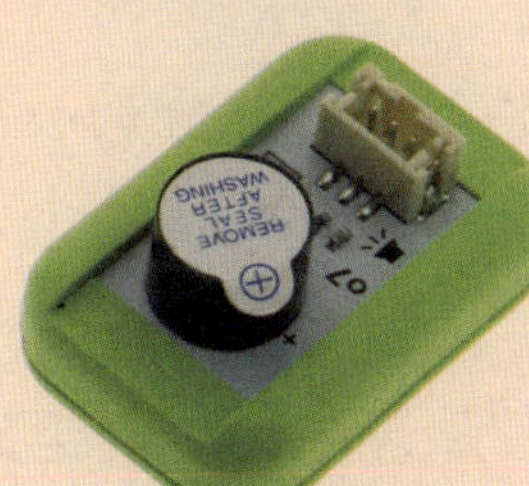	1
其他元件	电源	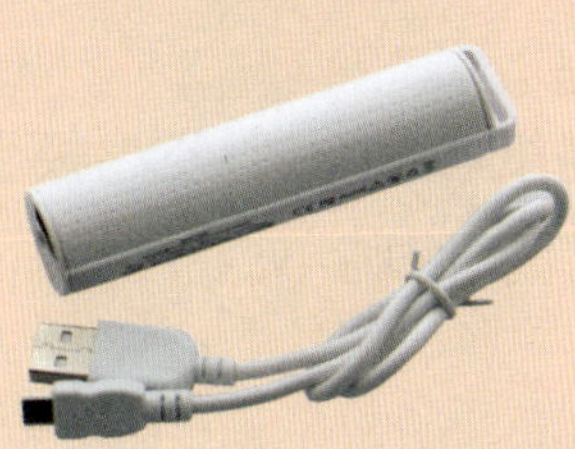	1

（续表）

类型	名称	图片	数量
其他元件	导线		2

2. 连接示意图

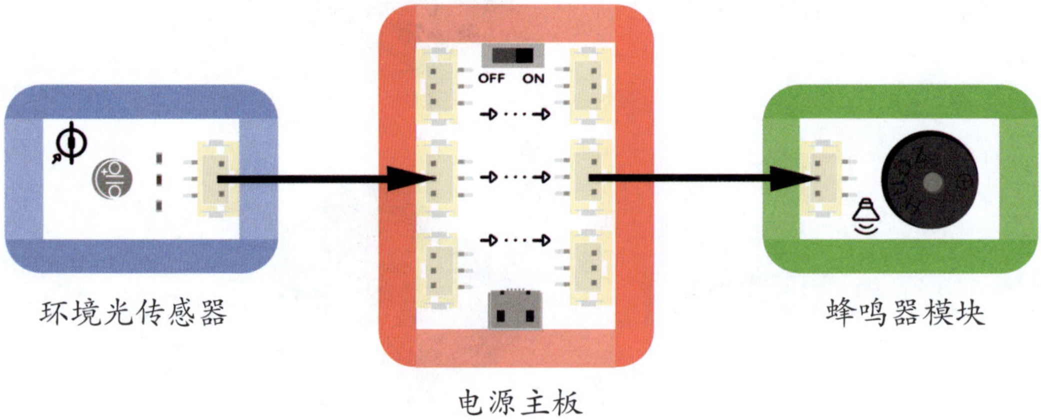

图 1-3-1 “报晓的公鸡”元件连接示意图

3. 检测

不妨拿着“小公鸡”从黑暗的房间走到明亮处，试一试这只“小公鸡”究竟灵不灵。

4. 装饰

我们可以用瓦楞纸板做一个公鸡模型（如下图所示），将能感受外界光线变化的光敏模块置于它的“眼睛”处，把电源主板和蜂鸣器藏在它的“肚子”里。

图 1–3–2 用瓦楞纸板制作的公鸡模型

能力大比拼

本项目中的公鸡在感受到强光的时候，便会发出叫声。但是，它对光线强度的要求比较高，因此，对于清晨不强的亮光，公鸡可能做不到“报晓”，只有在中午光线特别强时才会啼叫。那么，如何才能让公鸡感受到清晨较为微弱的光线时就能“报晓”呢？

我的作品

小贴士

你需要找到阈值模块。

我还想知道的事

在这个项目中，我们用到了环境光传感器。麦克，你觉得它是数字输入还是模拟输入呢？

肯定是模拟输入！因为它能感受不同强弱的光线，还能传输不同大小的电平信号给我们的输出元件。对了，小精灵，我还发现，原来有些输入元件可以不靠人来控制，可以自动感受环境变化呢！

是啊，这种能自动感受外界环境变化，并作出执行反应的装置，称为智能装置。我们的作品，可是“智能”的哦！

小精灵，我还有个问题：阈值模块属于输入元件还是输出元件？

今天新增的阈值模块既不属于输入元件也不属于输出元件，它在输入端、输出端都可以使用，我们将它归为功能元件。

阈值模块到底是什么呢？

阈值模块就像一个阀门，它决定了输入的模拟量什么时候可以通过。我们可以把阈值模块想象成一个“裁判”，将模拟量按照一定的标准认定为“通过”和“不通过”，也就是“高电平”和“低电平”。而这个判断标准，可以通过旋钮进行调节。使用阈值模块，可以将模拟输入转化为数字输入。

太好了！那有了阈值模块，我就可以方便地控制输入，让“公鸡”在清晨光线不强的时候就“报晓”啦！

第二章 小试牛刀

麦克是个聪明的孩子，他很快就学会了Boson Kit的基本操作，并且成功地利用阈值模块制作了小公鸡。麦克把小公鸡放在窗台上，让小公鸡成为一个小小的管家，每天早上叫他起床。麦克觉得利用套件中的各类传感器，制作出既有趣又实用的作品很有成就感，他想要开展更多的尝试。

在这一章中，麦克将运用多种传感器和各类功能元件，制作出暴躁的小猪、智能防火小屋、声光互动灯、惊喜礼盒等有趣的小玩意。快点跟麦克一起来动手吧，加油！

2 1 暴躁的小猪

麦克的故事

Boson Kit来帮忙

不能将小猪从农场带走，让麦克觉得很懊恼。于是，麦克想：能不能用Boson Kit做一只这样的小猪呢？虽然听起来不可思议，但是这根本难不倒Boson Kit。要做一只暴躁的小猪，我们只要做出一只敏感的猪耳朵，并利用蜂鸣器来模拟小猪的叫声就可以了。

线路与原理

暴躁的小猪的工作方式是：触摸小猪耳朵，小猪开始尖叫；放开小猪耳朵，小猪停止尖叫。

动手制作

1. 元件

“尖叫”需要发出持续的声音，这个功能可以通过蜂鸣器实现。本项目需要使用的元件如下：

表2-1-1　“报晓的公鸡”元件清单

类型	名称	图片	数量
主板元件	3IO电源主板		1
输入元件	触摸传感器	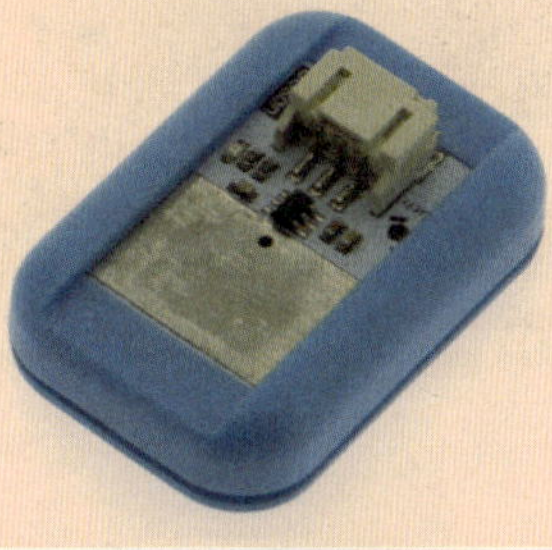	1
输出元件	蜂鸣器模块		1
其他元件	电源	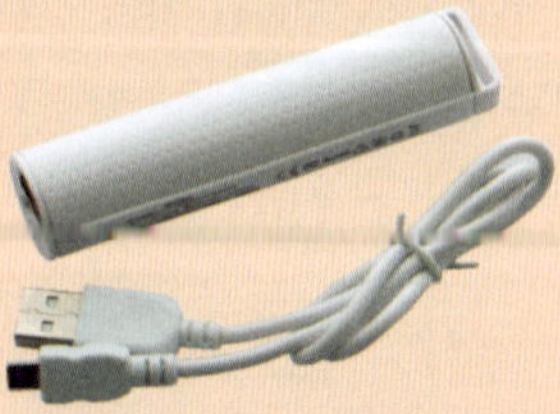	1

(续表)

类型	名称	图片	数量
其他元件	导线		2

2. 连接示意图

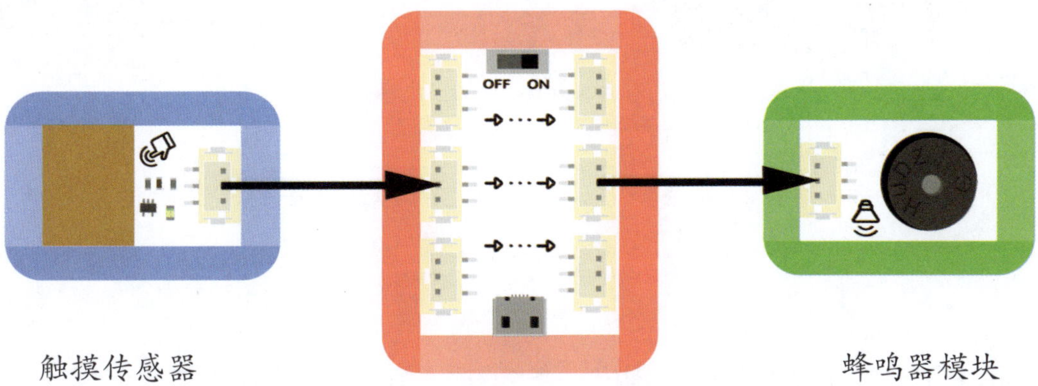

图 2-1-1 “暴躁的小猪”元件连接示意图

3. 测试

触碰触摸传感器，蜂鸣器是否会尖叫不止呢？

4. 装饰

我们可以按照如下步骤，做出小猪的外形。

（1）首先，将一个矿泉水瓶沿横截面剪开，并截取一段合适的长度，用彩色包装纸或超轻粘土包裹外表面，如图 2-1-2：

图 2-1-2 制作小猪身体

随后将线路放置在空瓶内，连上底座，小猪的身体就完成了。

(2) 用截取下的塑料瓶身剪出两只耳朵，其中一只直接包上包装纸，在另一只上面固定一个触摸传感器后也包上包装纸。

图 2-1-3　剪出猪耳朵

图 2-1-4　在小猪耳朵上固定传感器

用美工刀在小猪的身体上划出一条缝，插入耳朵，连接好线路。

(3) 做一条尾巴，画上眼睛，再用超轻粘土捏出四只蹄子，小猪的模型就完成了。

图 2-1-5　安装小猪耳朵

图 2-1-6　完善小猪外形

能力大比拼

如何让小猪的反应更加丰富呢？比如：摸它的左耳，小猪就会尖叫，而摸它的右耳，小猪就会脸红。

你能不能做出一只有时暴躁有时害羞的小猪呢？

我的作品

小贴士

主板有3组输入和输出接口哦！

我还想知道的事

今天我们用到了触摸传感器，这是一种生活中比较常见的传感器。麦克，你能举出生活中应用触摸传感器的例子吗？

爸爸妈妈的智能手机是不是就有触摸传感器呀？只要手指在屏幕上划过就可以进行相应的操作。

没错！那就是触摸传感器。通常只有直接用手或者手上的导体(比如冬天戴的触屏手套)触碰手机屏幕上的触摸传感器，才能形成输入信号，而戴上普通手套或者用指甲触碰就不灵了。这样的传感器叫做电容触摸传感器。还有一种触摸传感器靠压力感应，对与其触碰的物体(手、铅笔、信用卡等)没有限制，即使戴上手套也可操作，这样的传感器叫做电阻触摸传感器。

我知道了，Boson Kit里面的触摸传感器是电容触摸传感器！

还有，你知道蜂鸣器会用在日常生活中的哪些地方吗？

蜂鸣器会发出蜜蜂一样嗡嗡的声音，我会联想到报警器，比如火警铃。

说得没错。蜂鸣器由于声音响亮刺耳，常作为警报或定时装置的一部分。蜂鸣器是通过振动来发声的。如果觉得蜂鸣器声音太小，可以将外面的一层纸揭开，露出小孔。

我明白了，就像人发出声音是靠声带振动一样，蜂鸣器的内部也有一个部件会振动发出声音。

告诉你一个小秘密，Boson Kit还有许多其他输出模块，如录音模块，可以直接录制小猪的真实叫声。有了这样的模块，这个暴躁小猪作品就会更好玩。

2 2 温控风扇

麦克的故事

Boson Kit来帮忙

只要给小鸡们做一个自动的电风扇就可以了。在之前学过的换挡风扇的基础上，只要稍微改动一下，就可以让风扇在特定的温度自动打开或关闭。

线路与原理

换挡风扇要用到输入元件模拟角度传感器，以及输出元件风扇模块。而这次要做的风扇需要自行判断是否开启，所以需要将输入模块更换为可以感知外部温度的输入元件——温度传感器，以达到温度高时风扇自动开启，温度低时风扇自动关闭的效果。阈值温度则由阈值模块来控制。

动手制作

1. 元件

表2-2-1 “温控风扇”元件清单

类型	名称	图片	数量
主板元件	3IO电源主板		1
输入元件	LM35 温度传感器	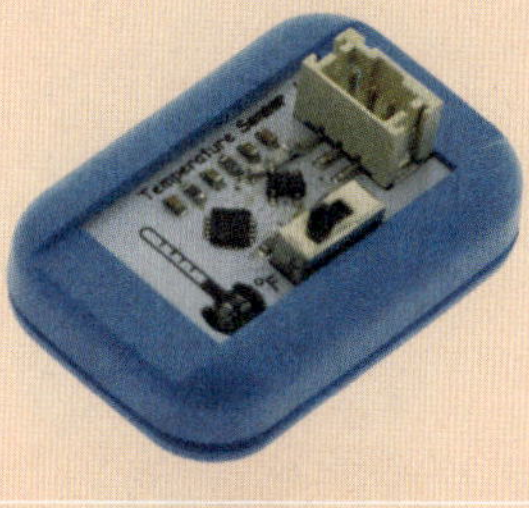	1
输出元件	风扇模块		1
功能元件	阈值模块		1

（续表）

类型	名称	图片	数量
其他元件	电源	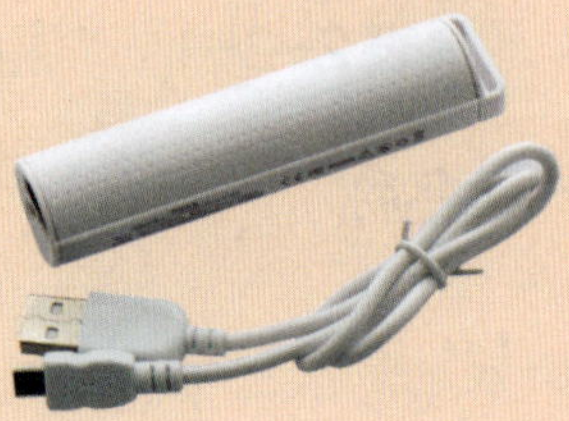	1
	导线		3

2. 连接示意图

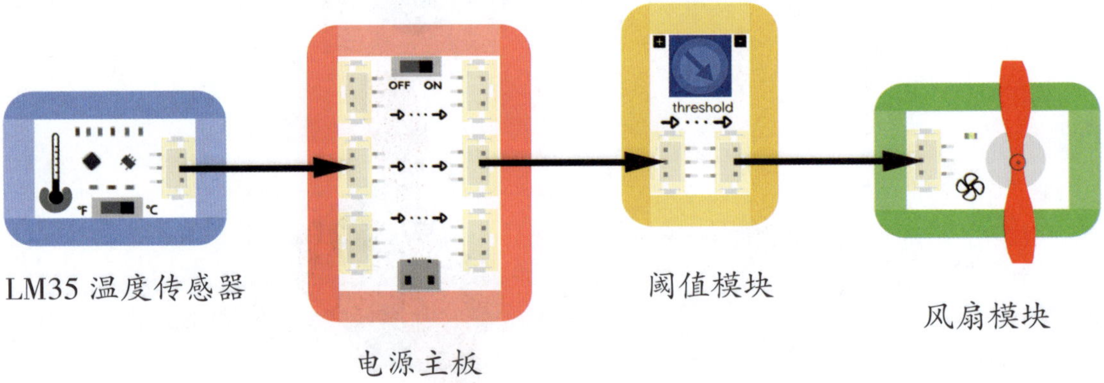

图 2-2-1 “温控风扇”元件连接示意图

注意，阈值模块可以放在主板的输入端，也可以放在主板的输出端。

3. 测试

试着逆时针调节阈值模块，观察风扇是否开启。

4. 装饰

调试完毕之后，可以再为风扇设计一个好看的外形。

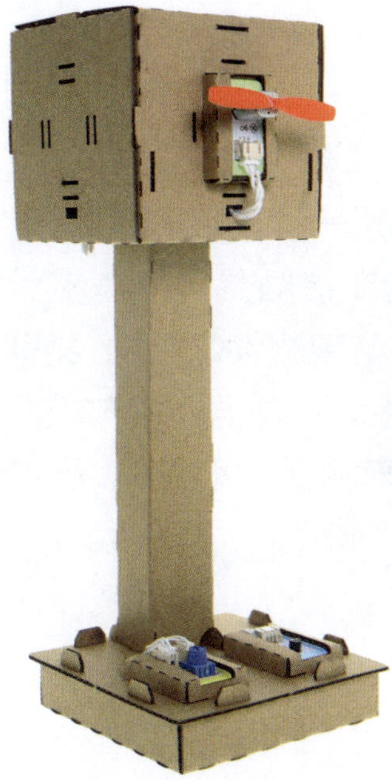

图 2-2-2 “温控风扇”装饰图

能力大比拼

除了尺寸，温控风扇和商场里出售的电风扇还有什么不同？商场里出售的风扇通常有一个金属丝罩子将扇叶套在里面，以避免人体被扇叶割伤。你也可以试着为温控风扇的扇叶做一个保护装置，让电风扇的功能变得更加完善。

我 的 作 品

我还想知道的事

温度传感器是一种常见的电子元件，可以分为接触式和非接触式两类。接触式温度传感器必须要与被测物体接触，又称为温度计；非接触式温度传感器无须与被测物体直接接触，可用来测量运动物体、小物体或温度变化迅速的物体的表面温度。

小精灵，你懂的可真多！

今天再教给你一项技能。你以后想要知道任何关于Boson Kit元件的知识都可以自行查找，再也不用依赖我啦！

Boson Kit 中包含各种各样的模块，可以实现新奇的创意。你可以从下面的网站找到更多关于 Boson Kit 相关的课程及其他资料，网址为：http://wiki.dfrobot.com.cn/Edu

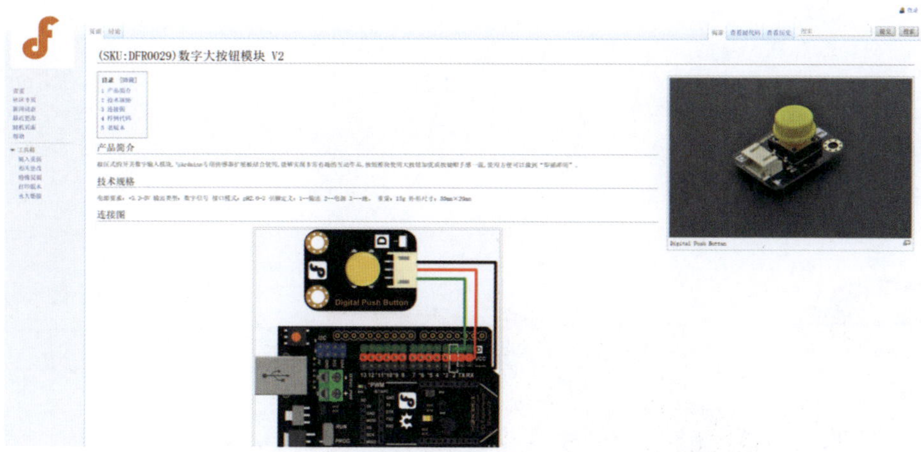

图 2-2-3　Boson Kit 模块简介示例

你如果想找到更多的创意，或者和其他人分享你的创意，也可以在这个网站的论坛里实现。

图 2-2-4　DF 创客论坛分享界面

2.3 下雨警报器

麦克的故事

Boson Kit来帮忙

可以用Boson Kit做一个下雨报警器：当雨水落到露天阳台上时，安装在屋内的警报器就会发出警报声。听到警报声，妈妈就知道外面下雨了，这样便可以及时去收衣服啦！

线路与原理

制作下雨警报器需要一个可以感应雨水的传感器和一个蜂鸣器，使传感器遇到雨滴的时候会接通电路，蜂鸣器响起。Boson Kit中能够检测雨滴的水分传感器就可以实现这个功能。

动手制作

1. 元件

表2-3-1 “下雨警报器”元件清单

类型	名称	图片	数量
主板元件	3IO 电源主板		1
输入元件	水分传感器		1
输出元件	蜂鸣器模块		1
其他元件	电源	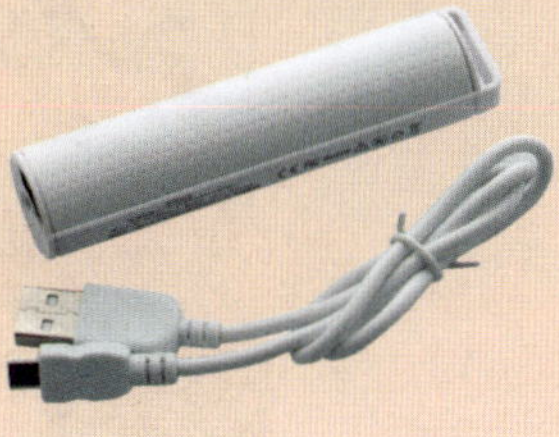	1

（续表）

类型	名称	图片	数量
其他元件	导线		2

2. 连接示意图

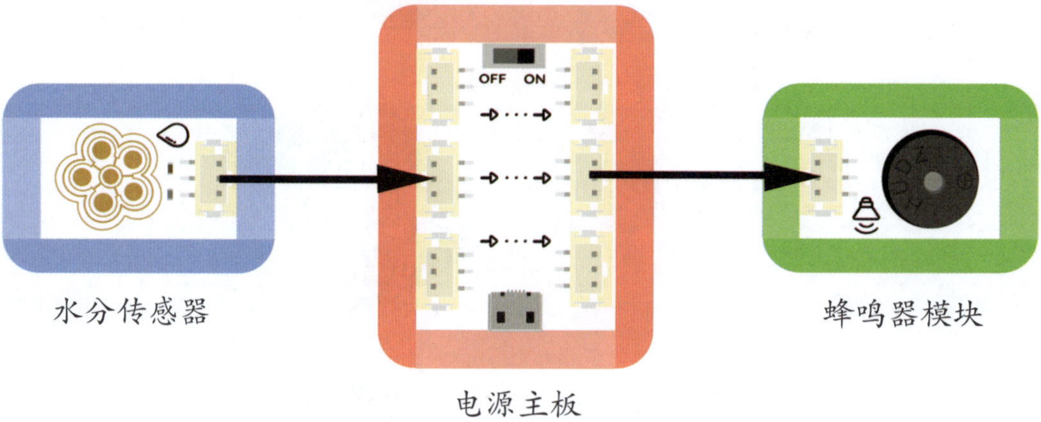

图 2–3–1　“下雨警报器”元件连接示意图

连接完成后，只要把下雨警报器放置在晾衣架附近的合适位置，妈妈就能听到下雨时警报器发出的警报声了。

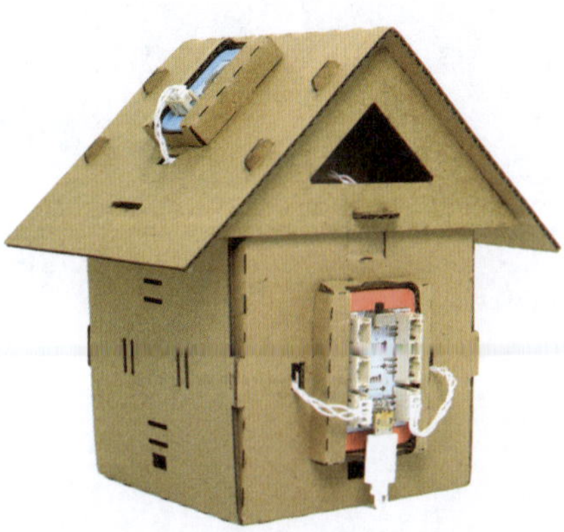

图 2–3–2　“下雨警报器”实物示例

能力大比拼

麦克发现:有时候虽然下雨了,但是雨水不一定能准确地落在传感器上,导致警报不能及时响起。如果多装一些水分传感器,就能提高传感器感应到雨滴的概率了。你能不能给这个下雨警报器多装几个水分传感器,以使无论哪个水分传感器接触到雨滴,下雨警报器都能及时响起警报呢?

我的作品

小贴士

你可能会用到逻辑"或"模块。

我还想知道的事

其实，水分传感器利用的是水的导电能力。雨水可以导电，当水滴落在水分传感器上，也就是传感器的花型金属部分，电路就接通了。

落在水分传感器上的水越多，输出的信号就越强，如果输出端是蜂鸣器，那么蜂鸣器发出的声音也就越响，对吗？

完全正确！

2.4 感应发光小屋

麦克的故事

Boson Kit来帮忙

可以用Boson Kit制作一个冰屋模型，还可以在冰屋里面加上一盏自动感应的小灯，每当有人经过，小屋里就会发出幽幽的蓝光，仿佛在迎接打猎归来的因纽特人。

线路与原理

在本项目中，冰屋应实现的功能为：有人经过时，发出蓝光。怎么才能让冰屋感应到有人经过呢？这个功能需要一种传感器，能够在感知到有人经过的时候产生输入信号。人类是恒温动物，基本保持着大约37摄氏度的体温。有一种传感器可以通过感应运动的人体释放的热量来确定人的存在，这就是“人体红外热释电运动传感器”。

动手制作

1. 元件

表2-4-1 “感应发光小屋”元件清单

类型	名称	图片	数量
主板元件	3IO电源主板		1
输入元件	人体红外热释电运动传感器	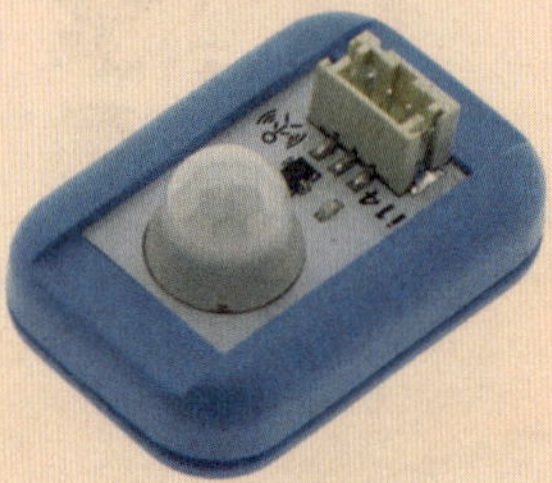	1
输出元件	小灯模块	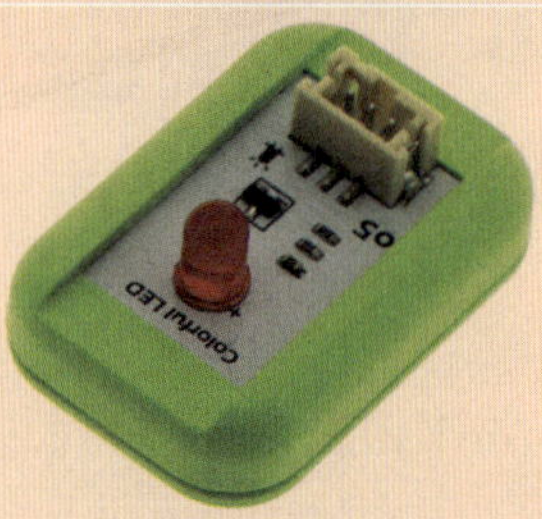	1
其他元件	电源	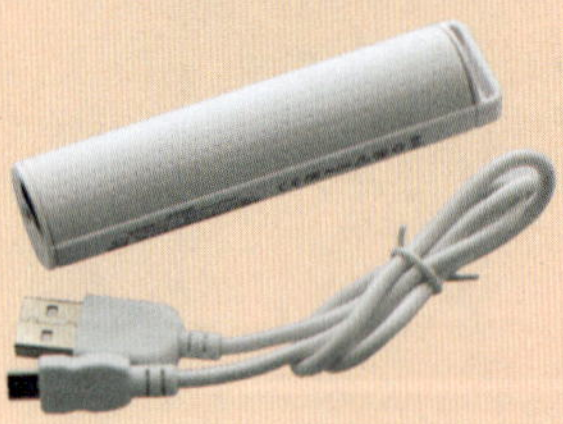	1
	导线		2

2. 连接示意图

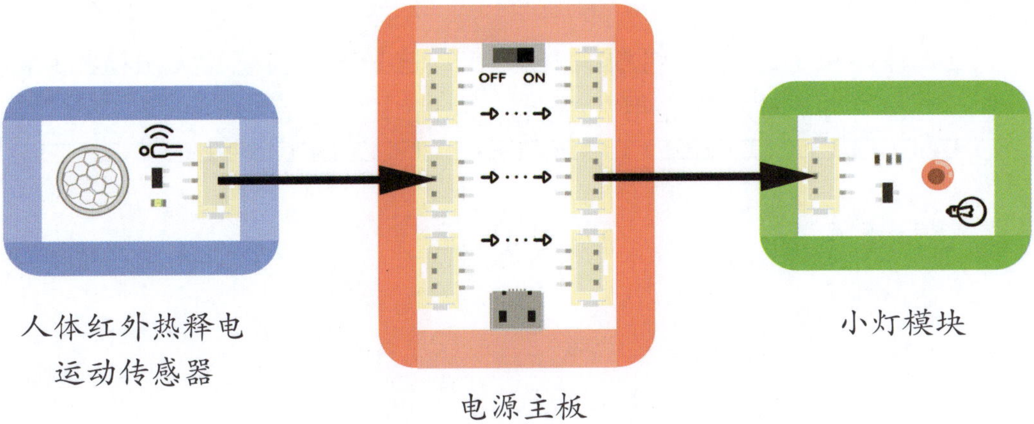

图2-4-1 “感应发光小屋”元件连接示意图

3. 装饰

冰屋模型的线路搭建虽然简单，但外形制作却不容易。我们可以按以下步骤完成冰屋的外形制作：

(1) 在纸上画好冰屋模型，注意要在纸片上留下粘胶水的位置。

(2) 上色。

(3) 用剪刀剪下。

(4) 用胶水固定。

冰屋模型制作完成之后可以将小灯模块藏在模型里，人体红外热释电运动传感器则要放在屋外，如图2-4-2所示。

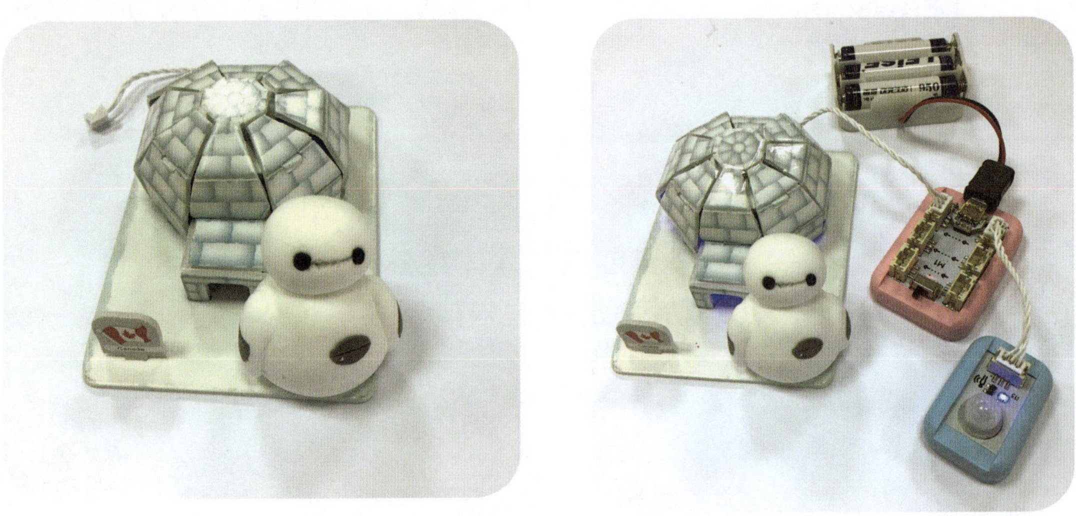

图2-4-2 “感应发光小屋”外形示例

能力大比拼

一旦人体停止了运动，小灯模块就熄灭了，这是因为传感器无法检测到静止的人体。有没有办法让小灯亮得久一点？

我的作品

小贴士

你需要持续模块来帮忙了！

我还想知道的事

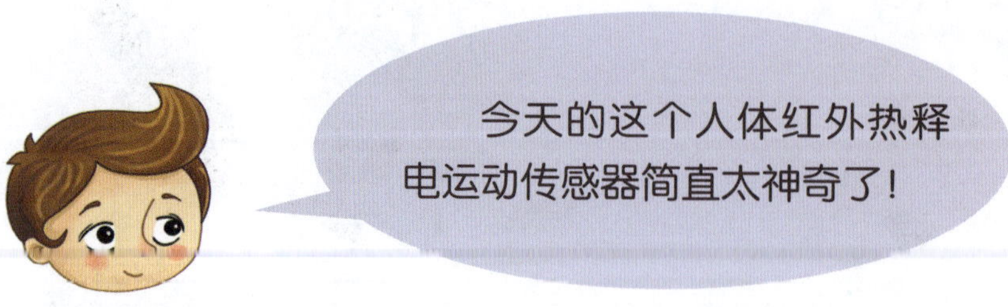

人的身体总是不断地向外放出热，而这些热是以电磁波的形式向外辐射的。人体红外热释电运动传感器可以检测到这些电磁波以感应人体的存在。大家可以将自己的玩具、家里的宠物（如小狗、小乌龟）或热水等放在这个传感器前，看看它会不会把这些东西当成人？快去试一试吧！

可以再讲一讲持续模块是怎么回事吗？这是我第一次使用，还不太熟悉。

当然没问题！我们都知道输入元件产生的信号就是电流。持续模块的作用就是一旦输入端有电流流入，哪怕只是一瞬间，它就会在一段时间内产生电流，向输出端传去，这样信号就能够持续一定的时间。时间长短是可以用旋钮调节的。哪个传感器的信号持续的时间需要延长，就将持续模块安装在哪个传感器的后面。

2.5 智能防火小屋

麦克的故事

Boson Kit来帮忙

不少公共场所都安装了火焰警报装置来防止火灾的发生。如果能用Boson Kit制作一个火焰警报装置，安装在家里容易着火的地方(如厨房)，在刚产生小火苗时就响起警报，就能让大家及时灭火，保护家人和财产的安全了。

线路与原理

要让自家的房子能够智能防火，肯定需要购买一个能报警的火焰探测器。而利用Boson Kit的话，只需要一个能够感应火焰的传感器和一个蜂鸣器，并将它们连成一个完整的线路。Boson Kit中的火焰传感器能够探测火源的存在，是制作火焰警报器的最佳选择。

图 2-5-1　常见的火焰警报器

动手制作

1. 元件

表 2-5-1　“智能防火小屋”元件清单

类型	名称	图片	数量
主板元件	3IO 电源主板		1
输入元件	火焰传感器	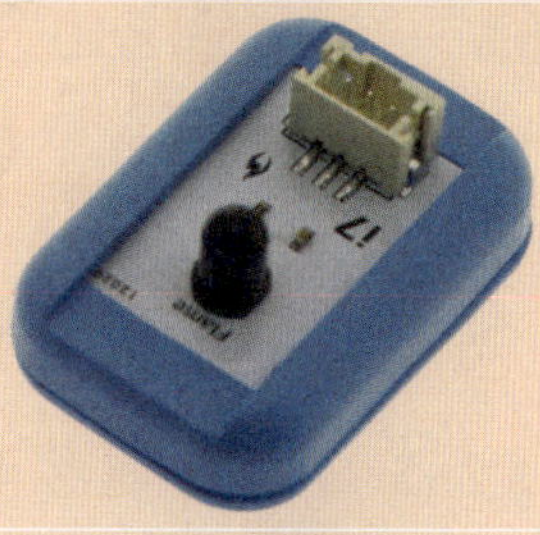	1
输出元件	蜂鸣器模块		1

（续表）

类型	名称	图片	数量
其他元件	电源	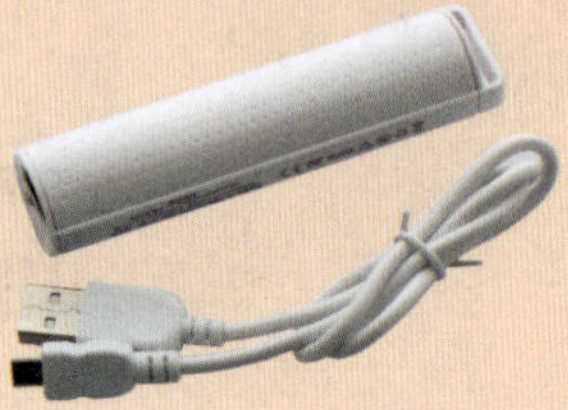	1
	导线		2

2. 连接示意图

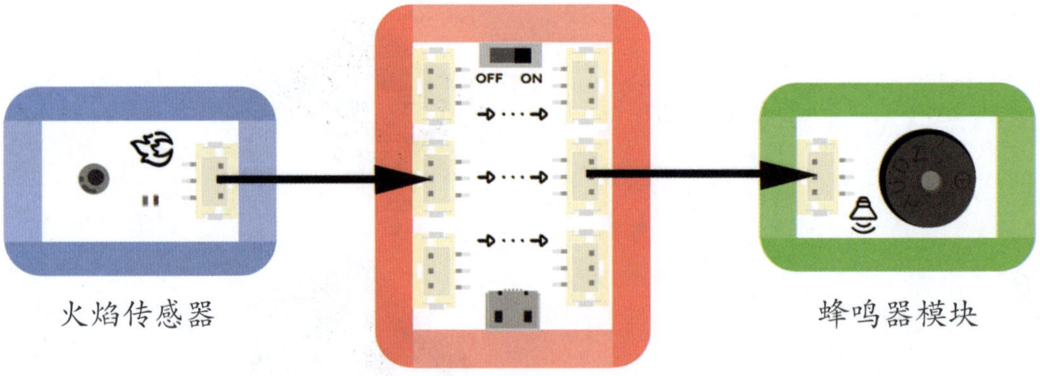

图 2-5-2　“智能防火小屋”元件连接示意图

3. 测试

试试在装置附近点燃火柴或者打火机，看它是否会发出蜂鸣声。

能力大比拼

现在的智能防火小屋只有警报的功能，能不能给它增添自动灭火的功能呢？

我 的 作 品

小贴士

你可能需要用到风扇模块和分支模块。

我还想知道的事

小精灵，火焰传感器看起来很酷炫，它是如何判定火焰存在的呢？是温度还是光？

火焰在燃烧时会发出一种特定波长范围的光，火焰传感器的接收管对火焰的光特别敏感，它可以将接收到的火焰亮度转换为高低变化的电平信号并输出，所以火焰传感器也是一种模拟输入元件。

那为什么增加一个分支模块，就可以让风扇和警报器同时启动呢？

加上分支模块就等于是在电路里增加了一条线路，如左图。风扇和蜂鸣器分别连接在电路的两条支路上，两条支路就能同时工作了。这种电路最大的特征就是支路之间互不干扰，也就是说，即使风扇坏了，蜂鸣器也照样能正常工作。

2.6 声光互动蛋糕

麦克的故事

不如给妈妈做一个特别的生日蛋糕作为生日礼物：音乐响起，蜡烛随着音乐闪动；音乐停止，蜡烛自动熄灭……

Boson Kit来帮忙

麦克的愿望实际上只需要由一个声光互动灯来完成。当家人唱起生日歌或音乐响起，声音传感器感受到声音，便可引发“蜡烛”闪动；音乐停止，“蜡烛”自动熄灭。蜡烛可以用小灯模块代替，如果想要多盏小灯泡亮的话，只需要添加分支模块。这样，生日蛋糕的基本的功能就实现了。

线路与原理

声音传感器是一种模拟输入元件，能感受外界不同大小的声音。一首歌曲中，有些部分音量高，有些部分音量低，声音传感器都能够识别出来。同时，小灯模块采用的是模拟输出，可以发出不同亮度的光。因此，声音传感器能根据音乐使小灯泡显示不同的亮度，达到律动的效果。于是，播放生日歌时，可以看到小灯泡时亮时暗，时明时灭，十分有趣。

动手制作

1. 元件

表2-6-1 “声光互动蛋糕”元件清单

类型	名称	图片	数量
主板元件	3IO电源主板		1
输入元件	声音传感器	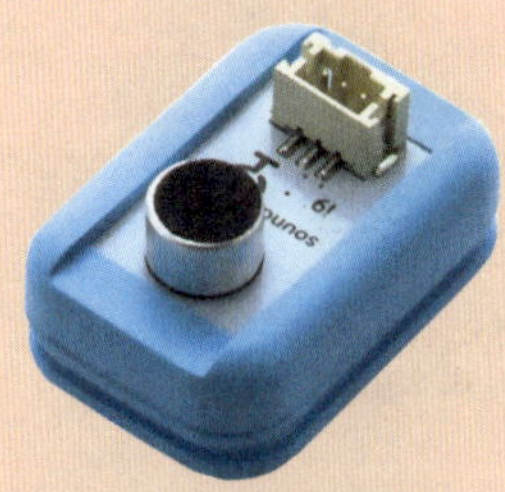	1
输出元件	小灯模块		1
其他元件	电源	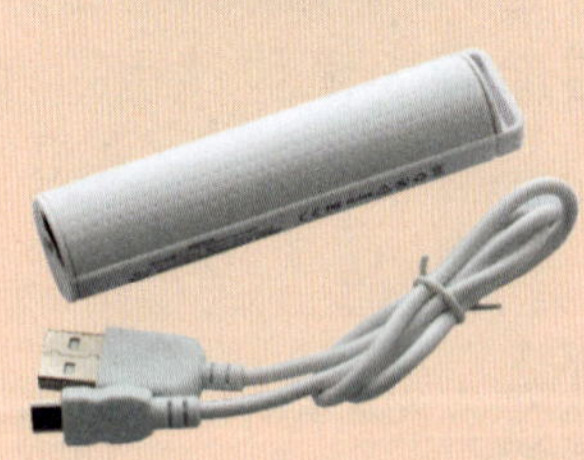	1
	导线		2

2. 连接示意图

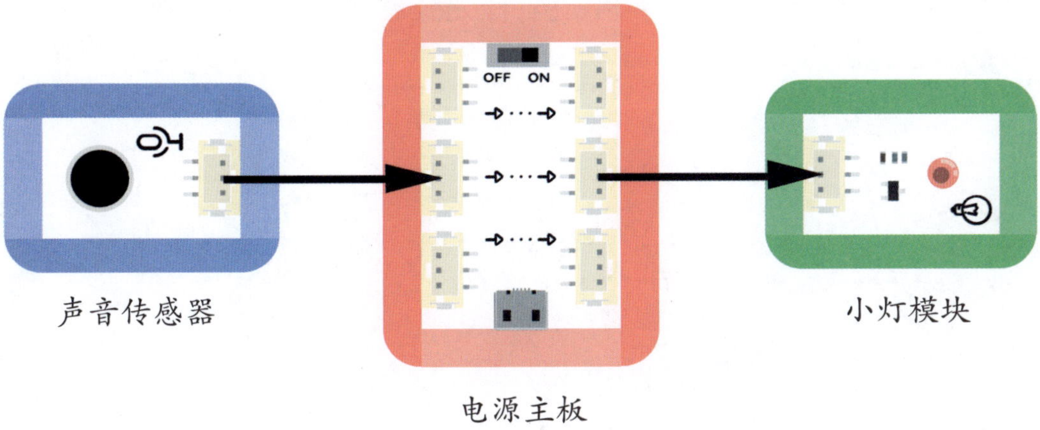

图 2-6-1 “声光互动蛋糕”元件连接示意图

3. 装饰

把声光互动蛋糕的各部分元件藏在蛋糕内，露出来就不好看了。

如右图所示，可以将器件藏于蛋糕模型内部，小灯泡露在外面即可。如果是通过人声唱歌控制的乐动小灯，则需要将声音传感器也置于外面；如果是用音乐播放器放音乐的，可以将播放器等全部放在蛋糕内部，只要播放音乐，就能触发亮灯了。

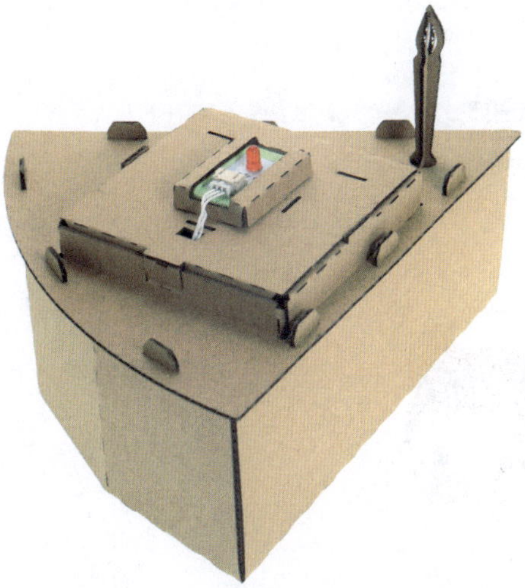

图 2-6-2 蛋糕外形示意图

能力大比拼

如果配上水柱，声光互动的生日蛋糕会更加美观，但是，小灯模块不能直接放在水中。感兴趣的同学可以做一个透明的小水箱，将小灯置于底部，欣赏水里的乐动灯。

我 的 作 品

我还想知道的事

小精灵，这个礼物太棒了！

你知道声音是怎么产生的吗？

我知道！声音是物体振动产生的。

对！想要验证这个答案，你可以用手轻轻触摸一些正在发声的物体。比如，说话时你可以触摸声带，它就在我们的喉咙部位；琴响时可以去触摸琴弦；鼓响时触摸被敲打的鼓面……这些物体都会让你的手觉得麻麻的。

没错，它们都在振动。

你也可以去试着摸一摸正在播放音乐的音箱，同时，调整音量的大小，你会发现，音乐越响，手上能感受到的振动越强——在科学上，我们认为物体振动的幅度越大，声音就越大。声音以声波的形式传播，声音越大，声波看起来起伏就越大，这个“起伏”也称作声波的振动幅度。我们可以看看下图一段用电脑记录下来的声波。

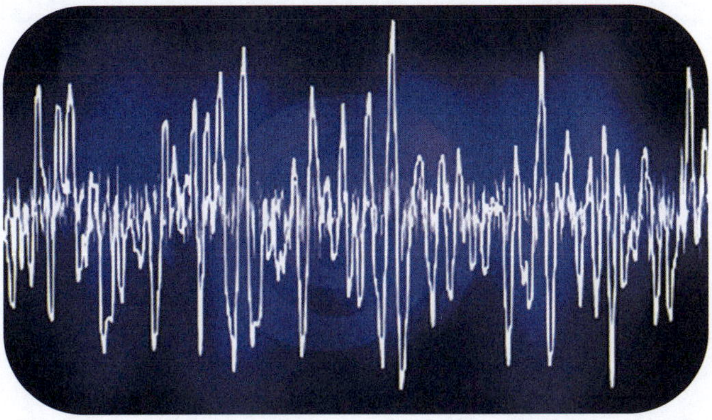

图 2-6-3　用电脑记录下来的声波

那声音传感器的工作原理是什么呢？

制作声控小灯用到的声音传感器是一种模拟传感器。它的作用相当于一只话筒，可以接收声波。声波的振动使话筒内产生微小的电压，这就能把声波转化为电信号。声音的大小不一样，声波的振动幅度也不一样，声音传感器接收到声波后产生的电压值也就不相同。

小精灵，从这个作品中能很清晰地看到模拟输入和模拟输出的同步变化，那还有其他的办法验证这种模拟输入和输出吗？

我们可以用一只万用表，将旋钮调到测量电压的一挡，将红表笔和黑表笔分别按照下图所示接触对应的金属点。试着对声音传感器说几句话，你会发现，说话的声音越大，万用表上显示传感器输出的电压就越高，这些电压转换成的相应的模拟输入量就越大。也就是说，你说话的声音越大，小灯就越亮。

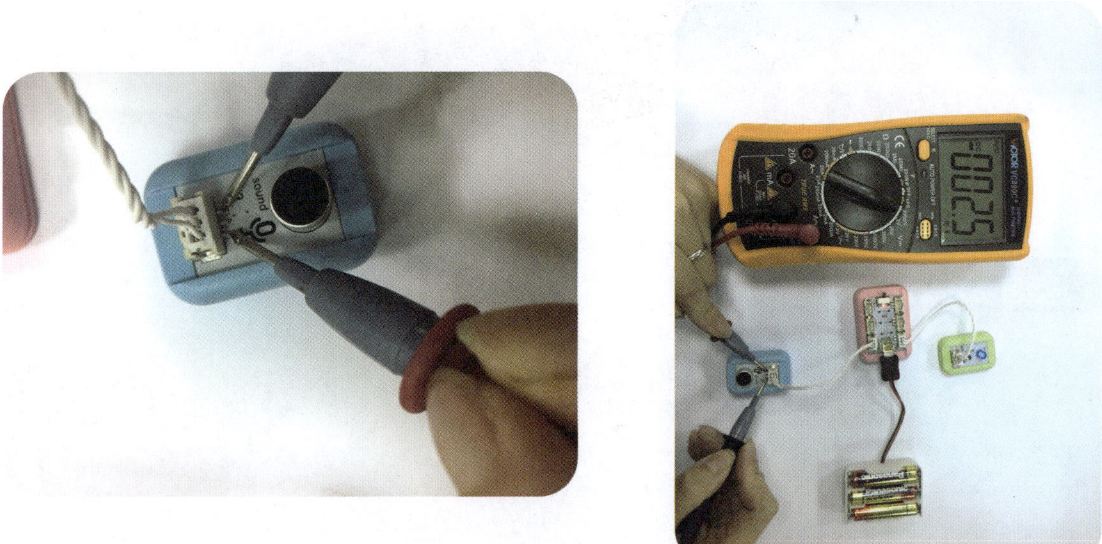

图2-6-4　用万用表测量声音传感器两端的电压

27 惊喜礼盒

麦克的故事

Boson Kit来帮忙

Boson Kit含有丰富的声光模块，利用它做一个与众不同的惊喜礼盒吧！

线路与原理

提到惊喜礼盒，不少同学会想到整人玩具(如下图所示)。只要打开盒子，就有一个小鬼玩偶从盒子里跳起。这种玩具通常是利用弹簧将盒子里的小鬼弹出。虽然Boson Kit套件中没有弹簧，但是给哥哥的惊喜礼盒也可以做到自动开启。

要能够打开盒子，小灯就亮，蜂鸣器发出响声，需要什么模块来做输入呢?

图 2-7-1　常见的整人玩具

不妨想想看，关闭的盒子和打开的盒子有什么不同？最明显的不同，莫过于盒子里的光线——盒子打开的时候，光线充足，盒子里很明亮；盒子关闭时，盒子里很黑暗。因此，只要有一个模块能够判断光线的亮暗，就可以实现盒子的自动控制了。

小灯模块能让礼盒产生酷炫的光效果，具备判断光线亮暗这一功能的就是环境光传感器。当礼盒关闭的时候，盒子里没有光线，就没有输入信号；打开礼盒，有了光照，传感器就有输入信号。当感受到光线时，不仅小灯泡发光，蜂鸣器也会响起。

动手制作

1. 元件

表 2-7-1　“惊喜礼盒”元件清单

类型	名称	图片	数量
主板元件	3IO 电源主板		1
输入元件	环境光传感器	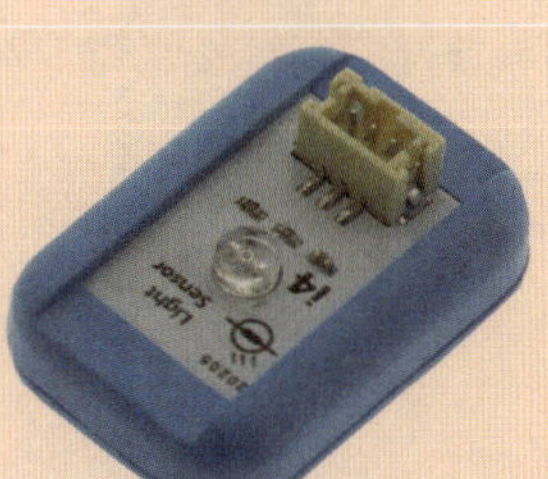	1

（续表）

类型	名称	图片	数量
输出元件	小灯模块	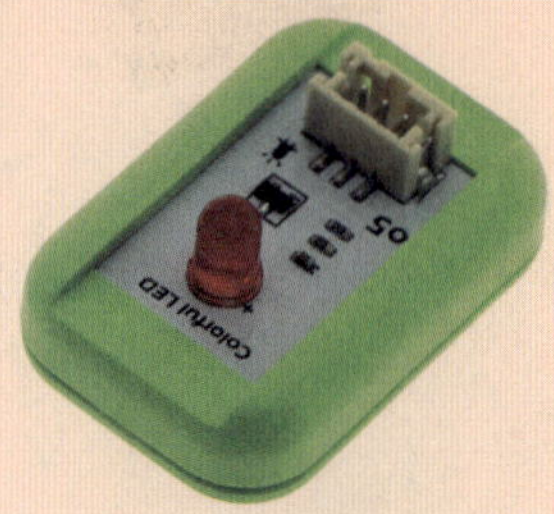	3
	蜂鸣器		1
功能元件	分支模块	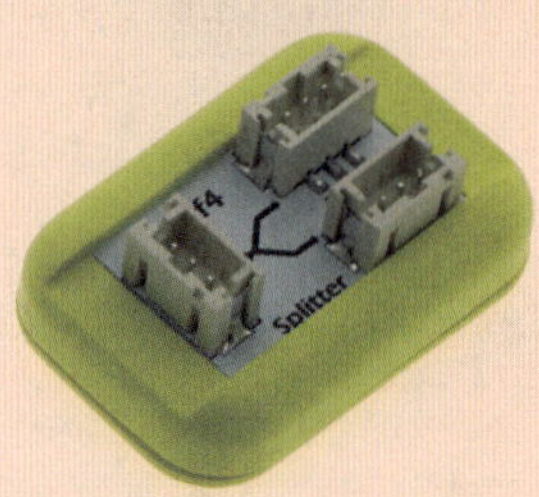	3
其他元件	电源	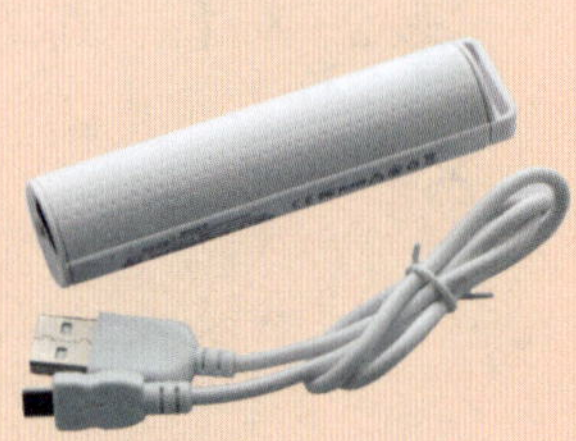	1
	导线		8

2. 连接示意图

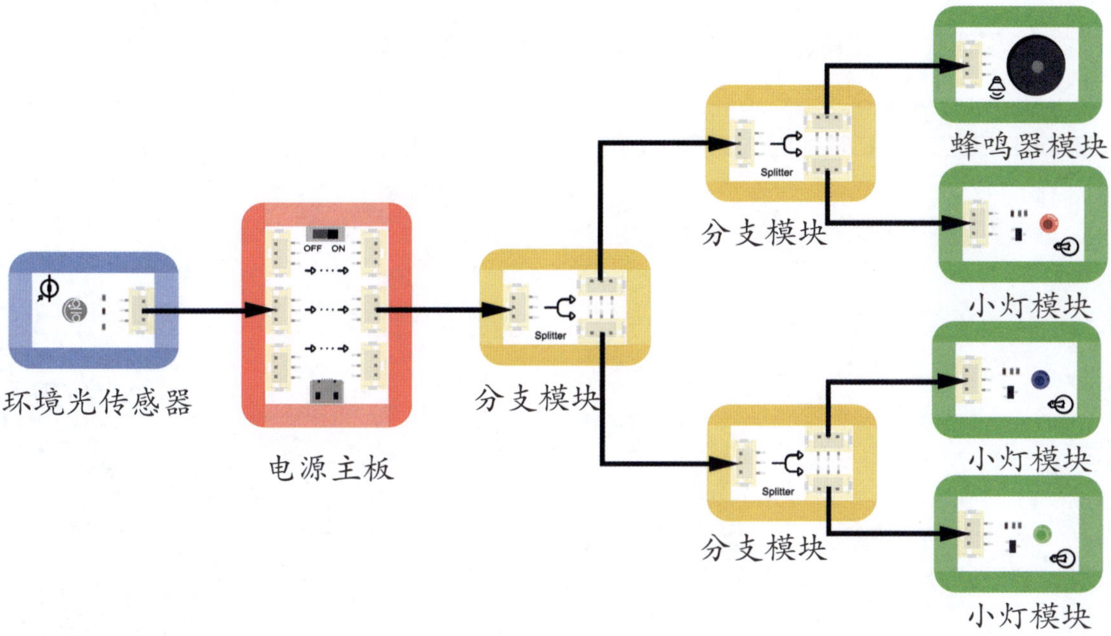

图 2-7-2 “惊喜礼盒”元件连接示意图

3. 装饰

将套件放进礼盒里，注意将小灯环境光传感器和分支模块均匀地固定在礼盒的内侧上端。盒子里裸露的元件用纸条遮盖起来，惊喜礼盒就做好了。

图 2-7-3 “惊喜礼盒”实物示例

能力大比拼

打开礼盒仅仅亮起灯、蜂鸣器响起还不够酷炫，能否做个小玩偶，利用风扇马达让其转动起来呢？

我 的 作 品

小贴士

你的盒子是不是一打开就能亮起漂亮的彩灯呢？还是只有在光的照射下才能亮灯？不要忘了使用阈值模块哦！

我还想知道的事

什么是环境光传感器？

环境光传感器可以感知周围光线的情况，在我们日常使用的电器，特别是数码电子产品中非常常见。例如，在手机、笔记本电脑等移动设备中，环境光传感器感知到周围的光线情况，并告知处理芯片自动调节显示器的背光亮度，让用户获得更好使用体验的同时，降低产品的耗电量。

为什么改变亮度就可以降低产品的耗电量呢?

一般来说,显示器消耗的电量高达电池总电量的30%,使用环境光传感器可以最大限度地延长电池的工作时间。当环境亮度较高时,使用环境光传感器的液晶显示器会自动调成高亮度;当外界环境较暗时,显示器就会调成低亮度,实现自动调节。

除了环境光传感器,还有其他的光传感器类型吗?

还有红外线传感器、紫外线传感器等类型,你可以自己用搜索引擎找找看哦!

第三章 如虎添翼

最近麦克对Boson Kit的运用更加得心应手了。为了实现脑海里更加有趣的想法，他开始尝试在之前制作的创意作品的基础上增加难度，让作品变得更加有意思。

在这一章，麦克将进一步了解逻辑模块的运用，制作出防盗展台、智能路灯、复古烛台、找朋友机等既实用又好玩的作品。麦克希望能够通过实现更多好玩的创意，找到更多志趣相投的小伙伴，让Boson Kit帮助更多的人实现他们的想法。

小朋友们，你们想成为麦克的朋友吗？快快行动起来吧！

3.1 防盗展台

麦克的故事

Boson Kit来帮忙

小偷之所以可以轻松得手且没有被立即发现，是由于博物馆的防盗系统有漏洞。如果利用Boson Kit设计一个智能防盗展台，一旦展台上的物品被拿起来，展台就会自动发出警报，提醒警卫尽快赶到，物品就不会轻易失窃了。

线路与原理

防盗展台的功能是展品离开展台时，装置会自动发出警报，这通常可以通过蜂鸣器或者蜂鸣器和小灯同时应用来实现。判断展品是否离开展台，则可以通过把展品放在按钮上来实现。展品自身的重量会把按钮压下，相当于按下按钮。一旦展品被拿开，按钮就弹起。但正常情况下，按钮按下输出高电位，高电位会使蜂鸣器发出声音，这与我们的设想恰好相反。因此，需要借助一个逻辑"非"模块，将按钮输出的高电位转为低电位，不让蜂鸣器在按钮按下时发出声音。逻辑"非"模块的使用并不困难，但是功能却非常特别，它能让传感器传输的信号反过来。

动手制作

1. 元件

表3-1-1 "防盗展台"元件清单

类型	名称	图片	数量
主板元件	3IO电源主板		1
输入元件	按钮模块		1
输出元件	蜂鸣器模块		1
功能元件	逻辑"非"模块		1

（续表）

类型	名称	图片	数量
其他元件	电源	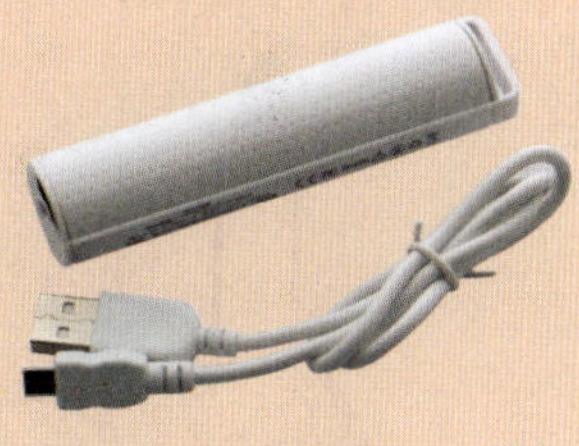	1
	导线		3

2. 连接示意图

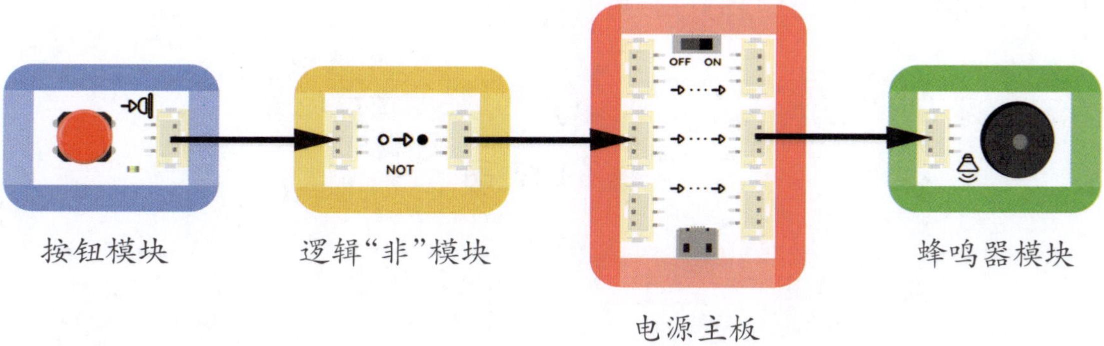

图3-1-1 “防盗展台”元件连接示意图

3. 测试

将物品放在按钮模块上，蜂鸣器保持安静；拿开物品后，蜂鸣器发出声音。

4. 装饰

由于博物馆的展台旁会有不少参观的人，所以还可以为它制作一个漂亮的外观，如图3-1-2所示。

图3-1-2 “防盗展台”装饰图

能力大比拼

想一想,还有什么别的传感器可以实现防盗功能呢?动手试一试Boson Kit里其他的传感器,做一个博物馆防盗装置吧!

我 的 作 品

小贴士

可以试试触摸传感器哦!

我还想知道的事

实际上，本节开头新闻中出现的情形基本不会发生，博物馆里的绝大部分物品都价值连城，报警装置也非常高级，功能强大。

博物馆里还有哪些高科技的报警器材？

一般来说，游客进入博物馆时要先识别身份，比如利用生物识别锁（包括指纹识别、静脉识别、面部识别、虹膜识别等）。还有一种“听声防贼”防盗系统，安装在馆内的声波系统可以辨别异常的声音，从而发出警报。常见的视频监控系统，和电影里常见的红外热辐射防盗设备等，都属于探光防盗系统。除了这些之外，还有一些先进的防盗建材（如防盗玻璃），一旦被切割就会自动发出警报，等等。这些先进的技术都在为保卫国家财产做贡献。

哇！博物馆的防盗措施这么严密，展品一定很安全。

不管防盗措施多么严密，博物馆的工作人员都不能掉以轻心，而且防盗技术要不断更新。

3.2 智能路灯

麦克的故事

Boson Kit来帮忙

智能路灯只在晚上且有人来的时候才会亮起，需要具备两项功能：判断是否天黑及识别声音。判断是否已经天黑，需要环境光传感器；识别声音，需要声音传感器。如何让两个传感器同时控制一盏灯呢？Boson Kit提供了逻辑“与”模块来解决这个问题。

线路与原理

逻辑“与”模块的功能是，当设定的两个条件同时满足时，输出高电位。当然，如果发现声音识别不太灵敏，可以增加一个阈值模块进行调节。

动手制作

1. 元件

表 3-2-1 “智能路灯”元件清单

类型	名称	图片	数量
主板元件	3IO 电源主板		1
输入元件	声音传感器		1
	环境光传感器	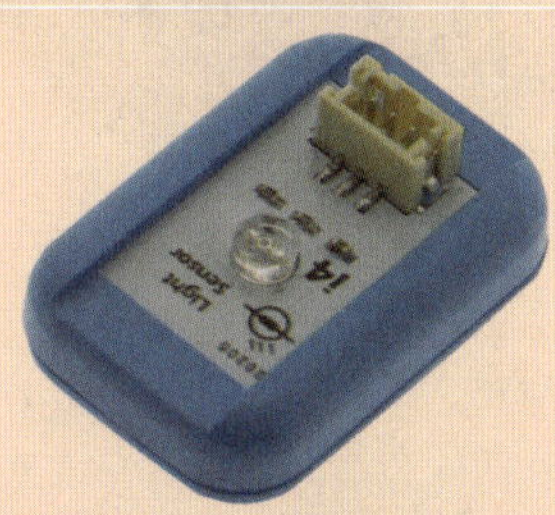	1
输出元件	小灯模块	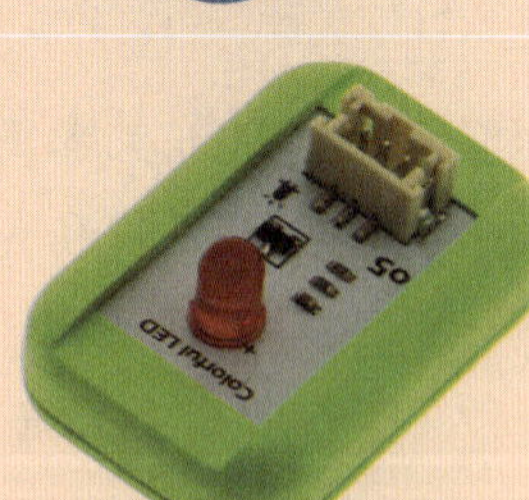	1
功能元件	逻辑“与”模块		1

（续表）

类型	名称	图片	数量
功能元件	逻辑“非”模块		1
其他元件	电源	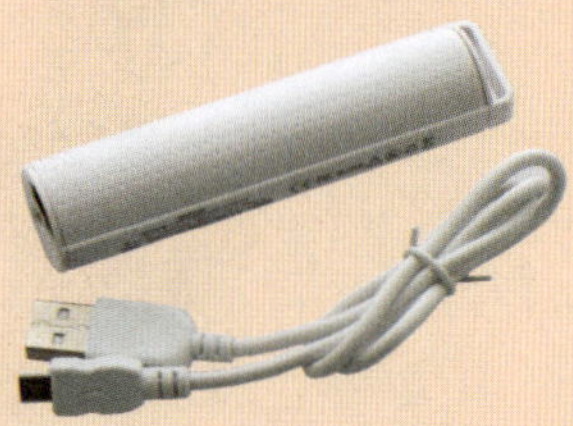	1
	导线		5

2. 连接示意图

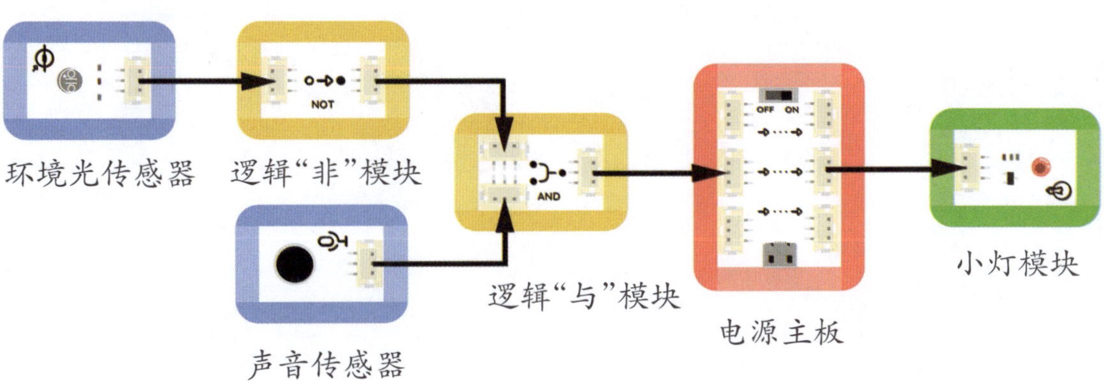

图 3–2–1 “智能路灯”元件连接示意图

3. 装饰

用瓦楞纸板剪出路灯的模型，将电源主板、电池等器材藏于底座，传感器上感受声音与光线强弱的部分放在外面，再给小灯泡做一个漂亮的外壳。

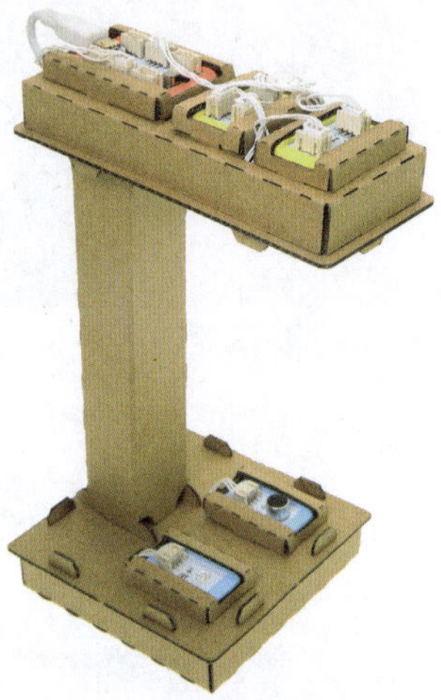

图 3–2–2 “智能路灯”装饰图

能力大比拼

智能路灯用到的输入元件必须暴露在外面才能更灵敏地感受外界环境的变化，但是这样并不好看。如何才能让智能路灯既美观，又不影响它的正常功能呢？

我的产品外观设计简图

我还想知道的事

小精灵，我在Boson Kit套件中还发现了两个与逻辑“与”模块相似的模块。

的确，有三个模块外观很像，但它们是不一样的。标着“Splitter”的是分支模块；标着“OR”的是逻辑“或”模块；标着“AND”的，就是我们今天使用的逻辑“与”模块。

之前学过，分支模块就是将信号一分为二，它可以满足多个输出。那什么是逻辑“或”模块呢？

逻辑“或”模块与逻辑“与”模块十分相似，学过今天的内容后，你已经知道什么是逻辑“与”模块了吧？如果懂了，不妨猜一下什么是逻辑“或”模块。

逻辑"与"模块可以判断两个条件是否同时成立，全部成立时才会输出高电位。我推断，逻辑"或"模块应该是两个条件中满足任意一条就会传递出高电位！

完全正确！"或"就是"或者"，是指两者当中任意一个都行。当然，以后在使用的过程中一定要关注模块上的文字说明哦！一旦用错模块，作品的效果就完全不一样了。

3 复古烛台

麦克的故事

Boson Kit来帮忙

一个“安全”的复古烛台可以用光代替真实的火焰。而“火”就是小灯模块。Boson Kit里有感受光强弱的传感器，也就是之前用过的环境光传感器。我们可以用手电筒代替火柴模拟点火步骤来“点亮”小灯泡。为了实现这样的效果，需要用到Boson Kit里面的分支模块和逻辑“或”模块。

烛台可用超轻粘土或者纸板等做成自己、妈妈喜欢的形状。

线路与原理

用光代替火，环境光传感器感受到光照后使小灯发光，这很简单。但是，一旦没有光线照射，小灯就灭了。我们需要做到的是让小灯一旦被“点火”成功，就保持着不灭的状态。因此，需要借助分支模块和逻辑“或”模块：灯亮之后，将亮灯状态返回到逻辑“或”模块，并控制它继续亮灯。如图3-3-2中所显示的，控制亮灯分为两步：一是用光“点”亮小灯；二是分支模块高电平的状态输到逻辑“或”模块，保持高电平。

动手制作

1. 元件

表3-3-1 “复古烛台”元件清单

类型	名称	图片	数量
主板元件	3IO电源主板		1
输入元件	环境光传感器	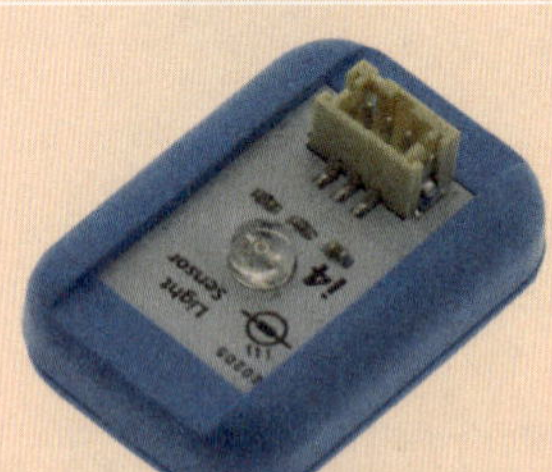	1
输出元件	小灯模块	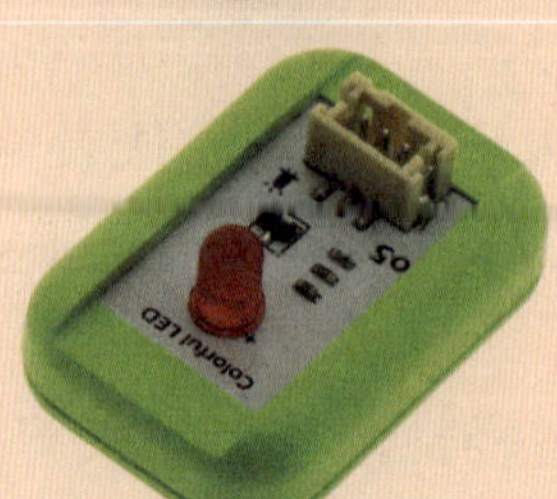	1

（续表）

类型	名称	图片	数量
功能元件	逻辑“或”模块		1
	分支模块		1
其他元件	电源	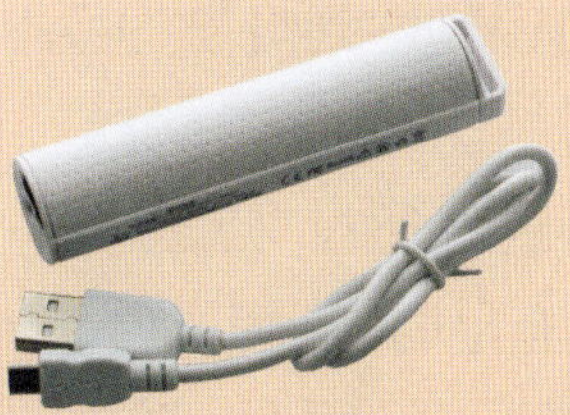	1
	导线		5

2. 连接示意图

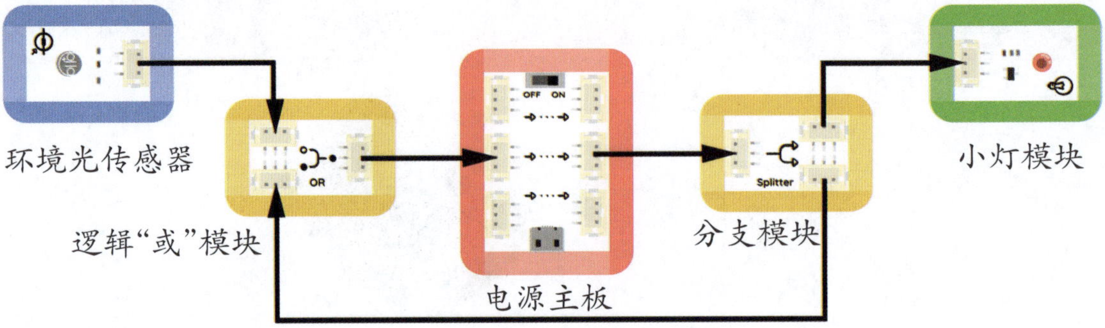

图 3-3-1 "复古烛台"元件连接示意图

3. 线路说明

这次的线路比较复杂。当环境光传感器感受到强光时，逻辑"或"条件成立，输出高电位，通过分支模块，一支用来直接点亮小灯泡，另一支返回到逻辑"或"模块，使逻辑"或"模块仍然输出高电位，就这样不断地反复进行，构成了循环，于是，小灯泡就不会熄灭，达到灯被"点亮"后不灭的效果。

4. 测试

同学们是否遇到过还没"点火"，小灯就亮了的情况？这是为什么呢？

当室内的光线充足时，环境光传感器输出高电位，小灯泡一开始就是亮的状态了，就没有"点火"效果了。因此，要在较暗、远离光源的地方测试这个作品。

能力大比拼

对于前面测试环节中可能出现的问题，你有什么办法来解决吗？

我 的 作 品

小贴士

不妨拿出阈值模块来调节"点亮"小灯的光线强度。

我还想知道的事

小精灵，我发现了一个更加简单的方法。

说来听听。

不如将环境光传感器与小灯放在一起，第一次借助外界光点亮灯泡，之后就用灯泡照射环境光传感器，那么小灯泡就能够永远不熄灭了。

这个方法很好！说明你已经学会自己思考了！这个靠自身的光来维持自身继续发光的结构让我想起有一种首尾相咬的蛇——衔尾蛇。衔尾蛇是古代炼金术中重要的徽记，它不断吞咽着自己的尾部，不断地使它自身形成一个闭环。你提出的方法是通过连接线路，使其达到自身的不断循环。

但我还没想到如果这样做的话，小灯亮了以后，该怎么使它熄灭呢？

在这个项目中，按照你所说的方法点亮小灯之后，循环就会一直进行下去，无法停止。要熄灭小灯只能关闭电源或者拔掉分支模块到逻辑“或”模块的导线。所以，一般情况下，我们会避免采用这种“死循环”的结构，而在这种循环结构中加上判断条件，达到条件后就可以终止循环了。这些在以后的学习中你会碰到的。

3.4 找朋友机

麦克的故事

Boson Kit来帮忙

让Boson Kit来帮忙，做一个有趣的找朋友机，轻轻按下一个或几个按钮，就会知道谁跟麦克兴趣相投，能成为麦克的朋友。

线路与原理

麦克根据自己的爱好和特点列出了一些选项，比如他①喜欢做手工；②喜欢看《喜羊羊》；③喜欢看《西游记》；④住在DF小区。这几个条件之间有一定的逻辑关系，如图3-4-1所示。

在这几个条件中，对方如果选择了①和④，那就可以和麦克一起做手工。但是，如果对方只选择了①却没有选择④，那么很遗憾，他们很难经常相约做手工，

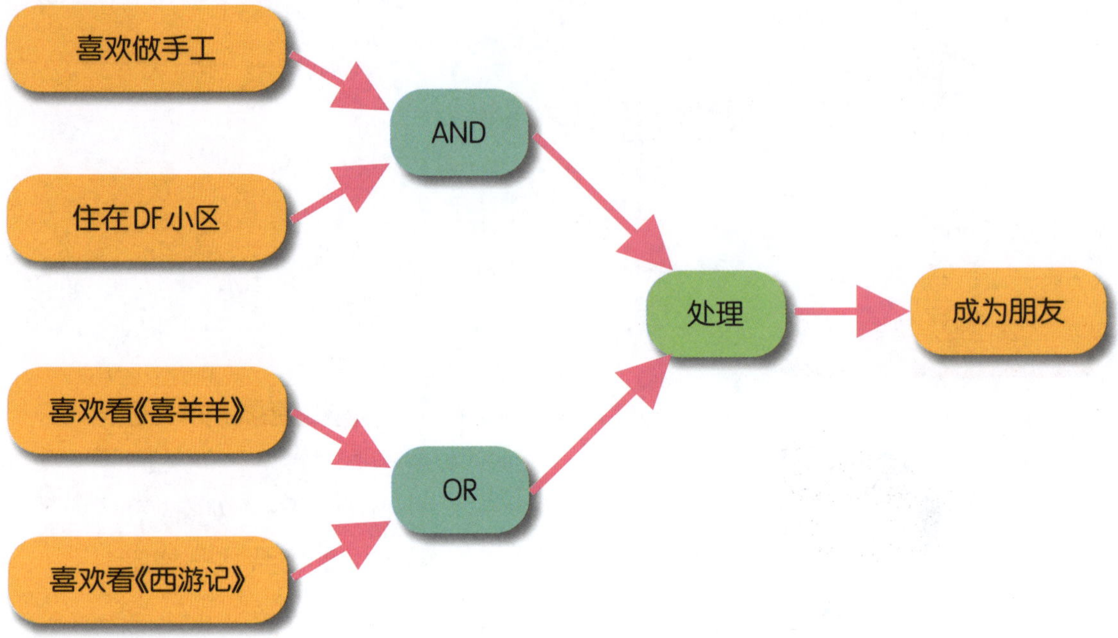

图3-4-1 “找朋友机”工作逻辑图

也就很难成为朋友了。而在②和③中，只要对方符合一个条件，他们就可以一起聊天、玩耍，成为好朋友了。

图3-4-2显示了找朋友机的原理，小灯亮起即代表可以成为朋友。

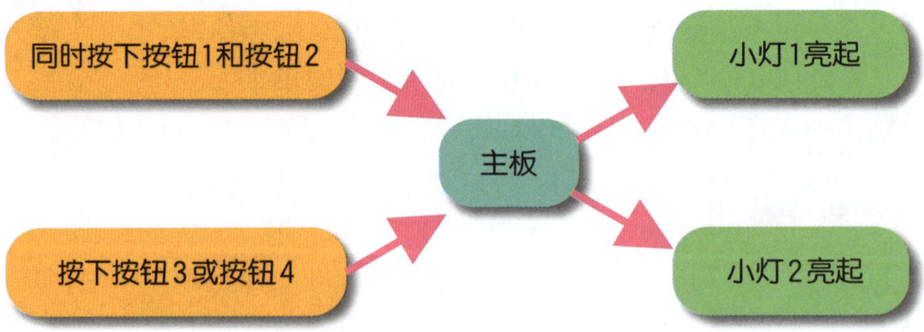

图3-4-2 “找朋友机”工作原理

动手制作

1. 元件

表 3-4-1 “找朋友机”元件清单

类型	名称	图片	数量
主板元件	电源主板		1
输入元件	按钮模块	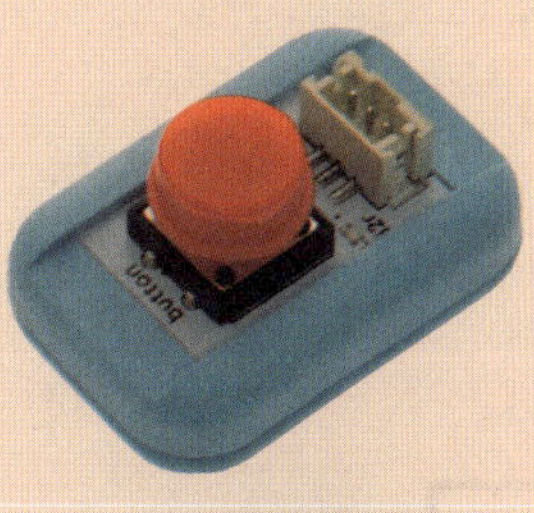	4
输出元件	小灯模块	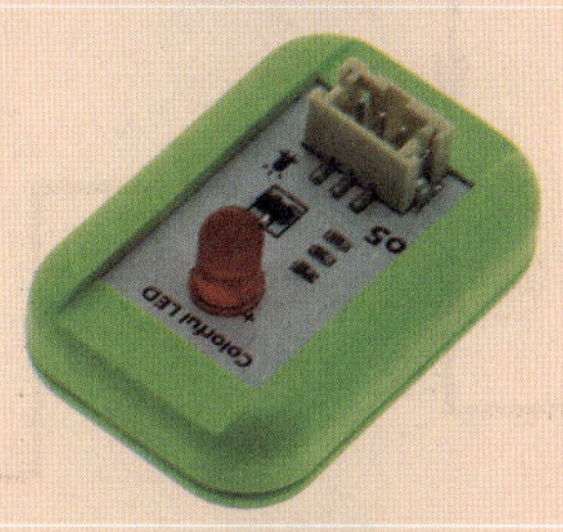	2
功能元件	逻辑“与”模块		1
	逻辑“或”模块		1

（续表）

类型	名称	图片	数量
其他元件	电源	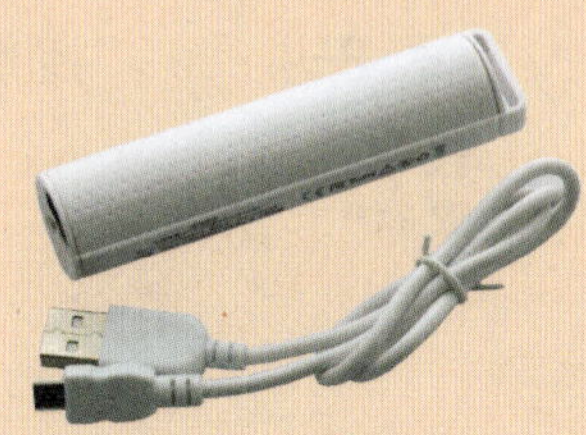	1
	导线		8

2. 连接示意图

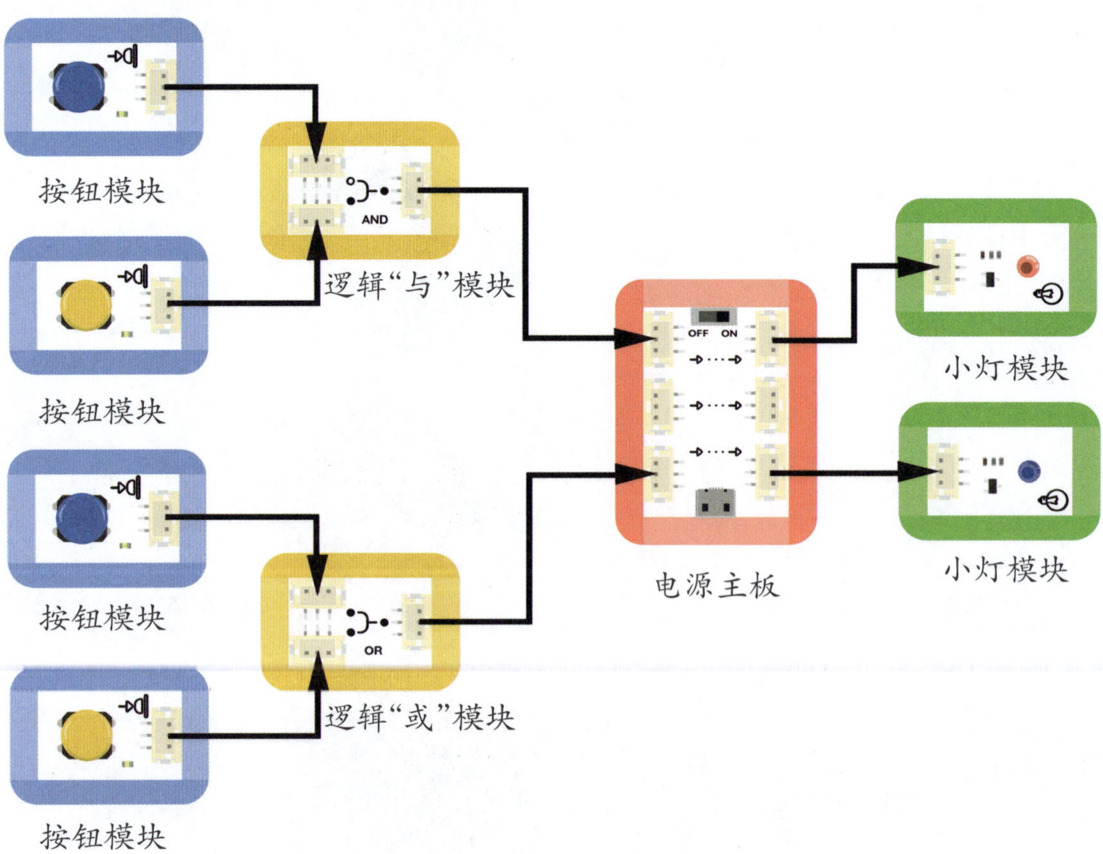

图 3–4–3 "找朋友机"元件连接示意图

3. 装饰

连接好元件之后，可以把它们用一个漂亮的盒子包装起来，然后，就可以带着这个找朋友机去寻找朋友了。

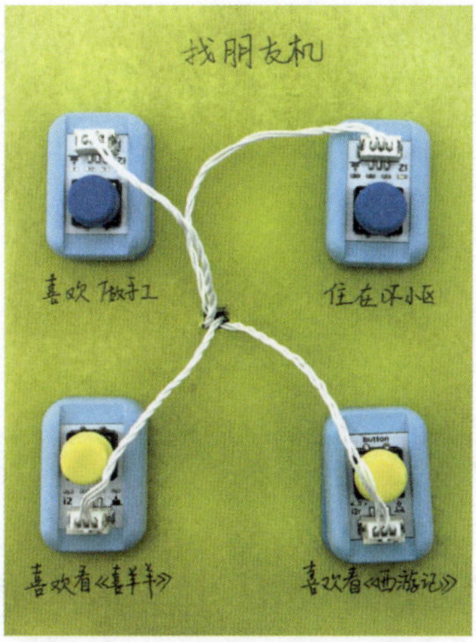

图 3-4-4 “找朋友机”装饰图

能力大比拼

找朋友机是利用两盏小灯来表示是否可以成为朋友，你能试一试只用一盏小灯就实现找朋友的功能吗？

在逻辑模块中，还有一个“非”模块没有使用过，它的作用是按钮没有按下的时候，电路接通，按钮按下的时候，电路断开。试一试把“非”模块应用到找朋友机里。

我 的 作 品

小贴士

如果你不爱吃香菜，就可以设置一个爱吃香菜的选项，凡是选择这个选项的人都不能成为你的朋友。

我还想知道的事

小精灵，电路中信号的输入和输出应该怎么表示呢?

在计算机科学里，常用数字“0”和“1”表示输入和输出值。“0”代表“假”，比如“不按按钮”和“小灯不亮”；“1”代表“真”，比如“按下按钮”和“小灯亮起”。

我在一本书中看到，“与”“或”“非”和“加”“减”“乘”“除”一样，都是运算方式。那么，具体的运算规则是怎样的?

“与”“或”“非”是用于逻辑运算的三种基本运算方式。我们把逻辑事件中输入和输出之间的全部可能状态列成一个表格，就成了真值表。真值表可以帮助我们理解逻辑运算的结果。下面是“与”“或”“非”逻辑模块的真值表。

表3-4-2 “与”“或”“非”逻辑模块真值表

逻辑	含义	图片	真值表		
			输入1	输入2	输出
与	相当于“并且”，在两个条件都成立的情况下，运算结果才为“真”。	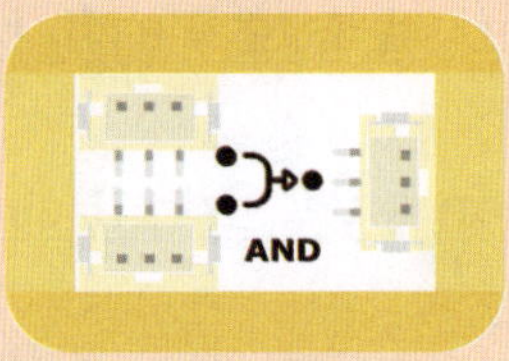	1	1	1
			X	0	0
			0	X	0
或	相当于“或者”，两个条件只要其中一个成立，运算结果就为“真”。	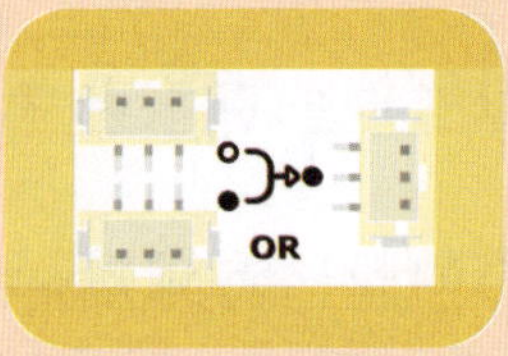	1	X	1
			X	1	1
			0	0	0
非	本来值的反值。	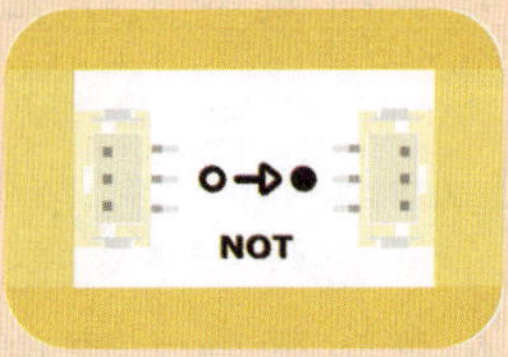	1	–	0
			0	–	1

注：X表示输入可以是0，也可以是1，不影响输出结果。

第四章 大展拳脚

有了找朋友机，越来越多的小伙伴与麦克一起享受用Boson Kit亲手制作的快乐，麦克非常开心。想起小精灵临走时所说的话，麦克觉得自己通过这一段时间的探究与学习，已经能够熟练地将自己脑海中的想法通过Boson Kit来实现，因此，他想制作一些更加有趣的小玩意，等小精灵回来时好好向她展示一下。

在这一章里，麦克将带着大家制作出更复杂，也更有趣的作品。小朋友们，和麦克一起努力吧！

4.1 万圣节南瓜灯

麦克的故事

Boson Kit来帮忙

可以采用制作复古烛台的方法制作南瓜灯。若想像吹灭蜡烛一样吹灭小灯,则可以使用声音传感器。对着声音传感器吹气时,传感器能很灵敏地感受到,并模拟出吹蜡烛的过程。为了实现点亮和吹灭的功能,需要借助逻辑"与"模块和分支模块;为了使声音传感器更加灵敏,需要借助阈值模块。

线路与原理

1. 制作可点亮的南瓜灯

南瓜灯点亮效果的工作逻辑与复古烛台类似,如图4-1-1所示:

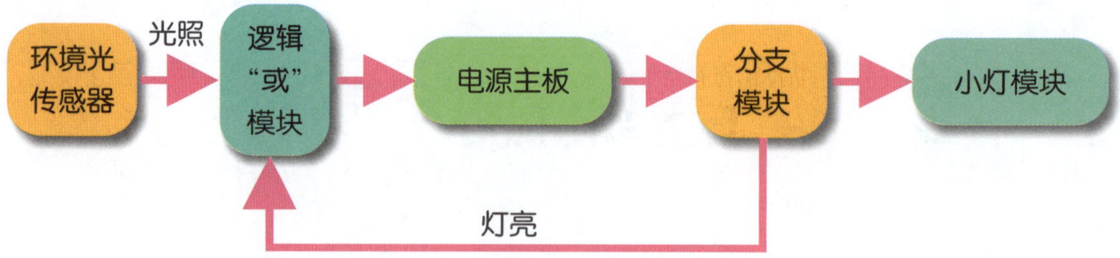

图 4-1-1 “万圣节南瓜灯”点亮效果的工作逻辑图

2. 实现“吹灭”南瓜灯效果

(1) 实现“吹灭”效果

要实现“吹灭”南瓜灯的功能，需要在从分支到逻辑“或”的循环中添加一个控制条件，让“吹”成为控制这个循环的控制开关，开关添加的位置如图 4-1-2 所示。

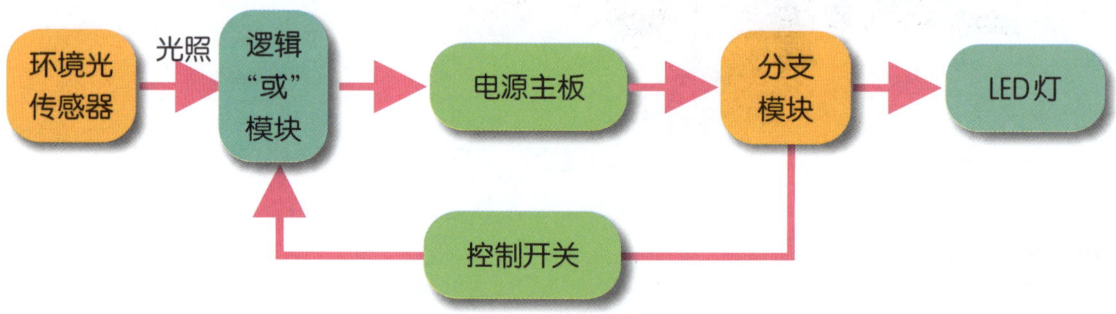

图 4-1-2 “万圣节南瓜灯”吹灭效果的工作逻辑图

(2) 增强“吹气”的灵敏度

在新增的“控制开关”中，添加一个声音传感器，使南瓜灯能感受到吹气。为了使声音传感器发挥更好的作用，最好加上阈值模块进行控制。因为声音传感器在吹时为高电位，而将小灯熄灭需要低电位，因此还要增加一个逻辑“非”模块。

图 4-1-3 增强“吹气”灵敏度的工作逻辑图

3. 实现“吹气时熄灭，不吹气时点亮”效果

要添加声音作为循环的控制条件之一，需要用到逻辑“与”模块。默认情况下，声音传感器加上逻辑“非”后就是“真”（成立），循环保持畅通，一旦向声音传感器“吹气”，逻辑“与”模块有一个条件变成“假”（不成立），循环就断开了。

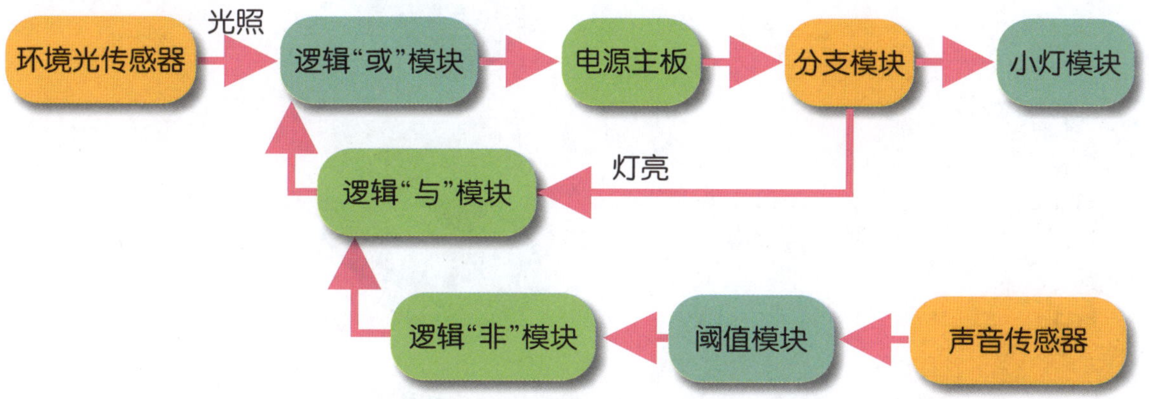

图 4-1-4　声音控制循环线路工作逻辑图

大家一起动手试一下吧！

动手制作

1. 元件

表 4-1-1　“万圣节南瓜灯”元件清单

类型	名称	图片	数量
主板元件	3IO 电源主板		1

（续表）

类型	名称	图片	数量
输入元件	环境光传感器	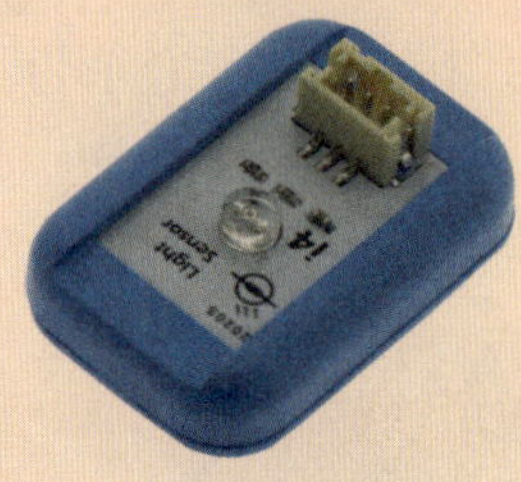	1
	声音传感器		1
输出元件	小灯模块	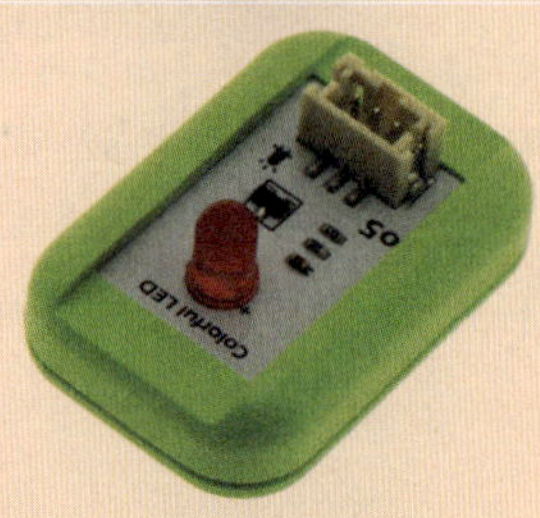	1
功能元件	逻辑“与”模块		1
	逻辑“或”模块		1

（续表）

类型	名称	图片	数量
功能元件	逻辑“非”模块		1
	分支模块		1
	阈值模块		1
其他元件	电源	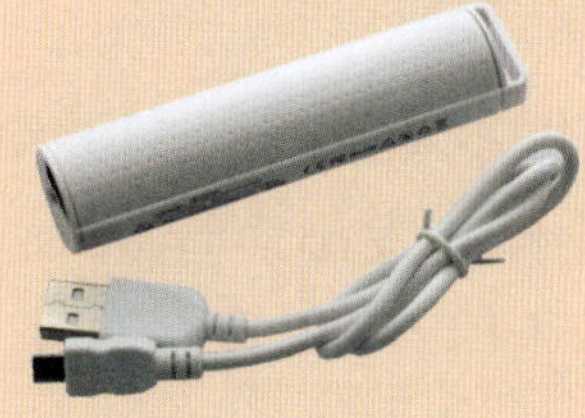	1
	导线		9

2. 连接示意图

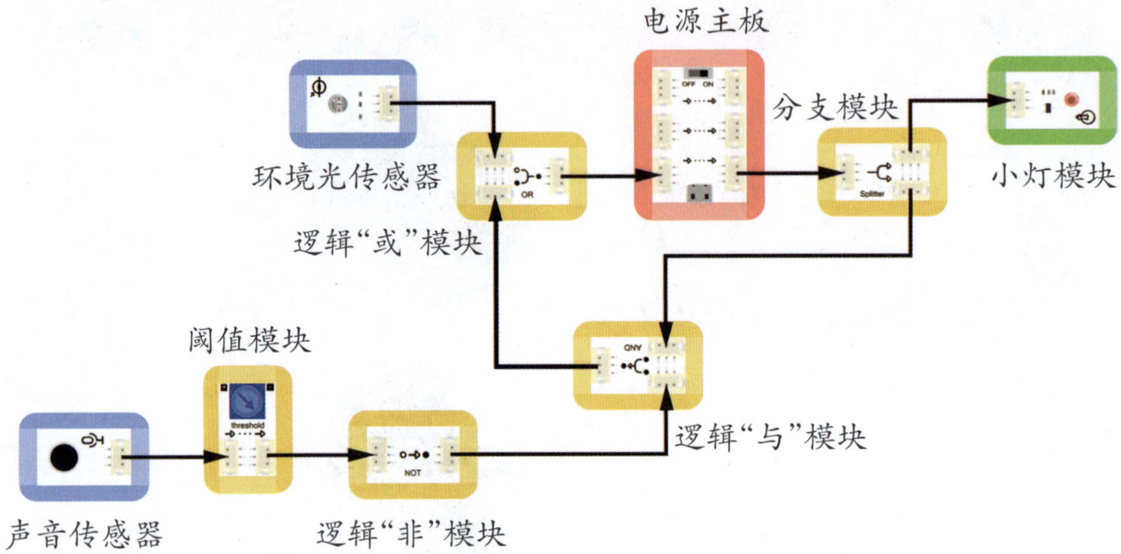

图 4-1-5 "万圣节南瓜灯"元件连接示意图

注意，阈值模块一定要调整到适当的位置。调节的时候，要以旋钮的正中间位置为基础，向左或者向右进行微调。

能力大比拼

大家还可以根据本项目做个门铃结构：当客人按下门铃时，门铃响起，直到主人应答，门铃才会停止发出声音。

我 的 作 品

小贴士

对照着工作逻辑图操作，更便于大家理解线路原理哦！

我还想知道的事

麦克，你都见过哪些种类的灯呢？

嗯——，除了万圣节各种各样的南瓜灯，还有我们平时用的日光灯、台灯……

是啊，随着科技的进步和审美水平的提高，灯除了实现照明功能外还被人们加入了各种各样的创意，多功能的灯层出不穷。下面这些灯都很有趣！

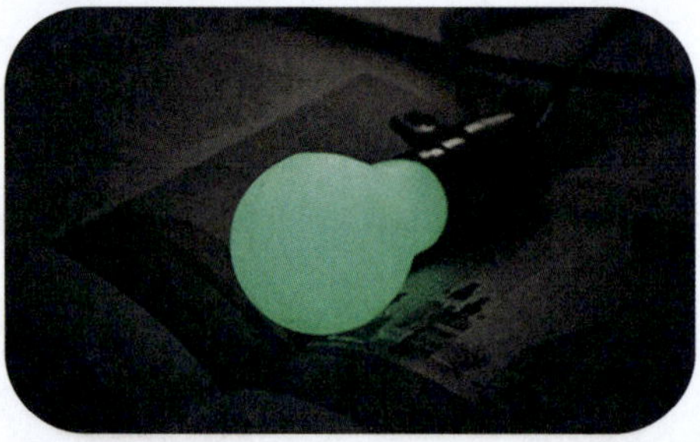

不插电的夜光灯

不需要任何电力，就能在晚上完成基本的照明功能。适合用来做夜灯，或者突然停电时的救急灯具。使用非常方便。

巨型铅笔灯

这款灯的亮点在于它的外形。它看起来像一个支撑在角落里的巨型铅笔，顶端的橡皮擦发出的光照亮房间。从笔尖延伸出来的电线随意地摆放在地上，就好像一个孩子在地上随意画出来的线条。

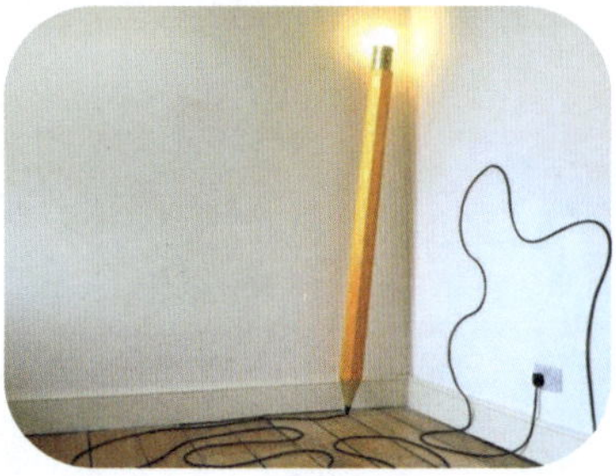

"吸食"颜色的可挤压灯泡

这是一款无线灯。它在受到挤压时会根据周围的环境来改变自己的颜色。用户只需要将灯的端部对着物体的表面，并捏一下灯泡，灯泡就会发出与物体一样颜色的灯光。这款灯能感应几百种颜色，用它来表达不同的情绪是个不错的选择。

闪电云朵吊灯

这款灯把天上飘摇自在的云朵搬到了室内，真酷！然而，实际上它的"能耐"远不止于此：它的亮光模式可以配合音响播出多种多样的音乐，还可以模仿闪电、打雷等各种情景！

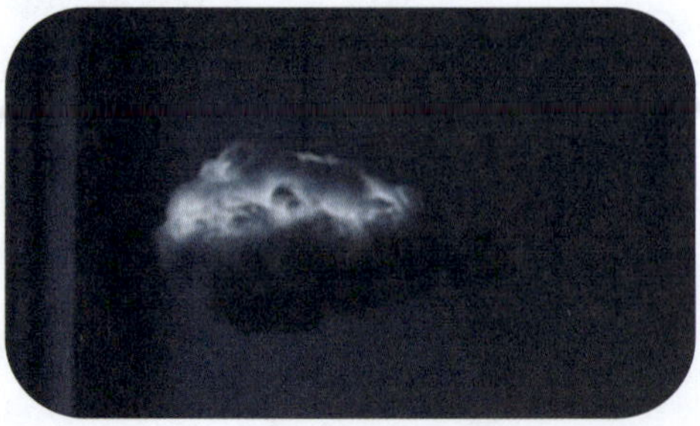

4.2 密码锁

麦克的故事

Boson Kit来帮忙

要制作这种密码锁，可以设置三个按钮，分别代表三个数字，只有按照正确的顺序按下这三个按钮才能解锁，同时，小灯模块亮起来，蜂鸣器发出警报声——告诉别人密码锁已经被打开了。

在设置过程中，须注意构成密码的三个数字之间的顺序，只有三个数字被按下的顺序完全正确，数字信号输出为1，小灯模块才会发光，蜂鸣器才会响起。当然，如果能有更多的设置条件，安全性就会更高，比如：除三个构成密码的数字顺序正确之外，还要求在规定时间内输入密码，才能够成功解锁，或者连续输入错误几次，密码锁会发出警报提示。

线路与原理

按下第1个按钮，则输出一个信号，通过持续模块将信号保持1~6秒，在规定时间内，按下第2个按钮，“与”模块将信号传输到下一阶段。此处，按照同样的方法连接一个持续模块，能够保证收到的信号在一定的时间内不变，传输到第二个“与”模块。在信号保持的时间长度内按下第3个按钮，则第二个“与”模块同时满足两个“是”的信号，实现信号的传递。最后，小灯模块和蜂鸣器接收信号，开始工作。

动手制作

1. 元件

表4-2-1 “密码锁”元件清单

类型	名称	图片	数量
主板元件	3IO电源主板		1
输入元件	按钮模块		3
输出元件	小灯模块	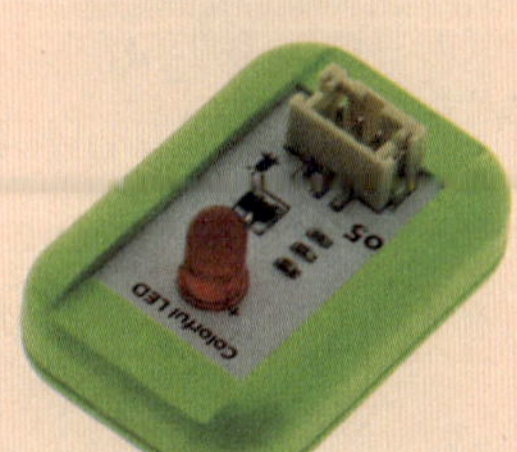	1

（续表）

类型	名称	图片	数量
输出元件	蜂鸣器模块		1
功能元件	逻辑“与”模块		2
	持续模块		2
	分支模块		1
其他元件	电源	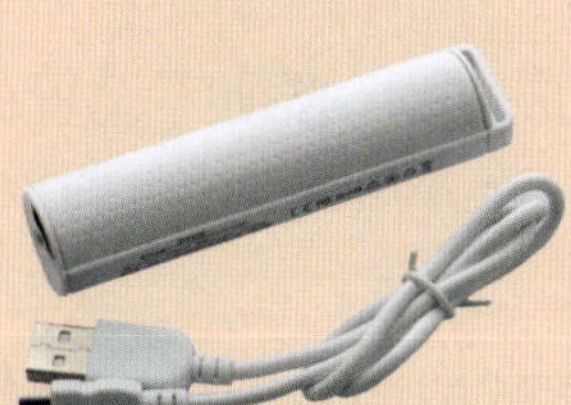	1

（续表）

类型	名称	图片	数量
其他元件	导线		10

2. 连接示意图

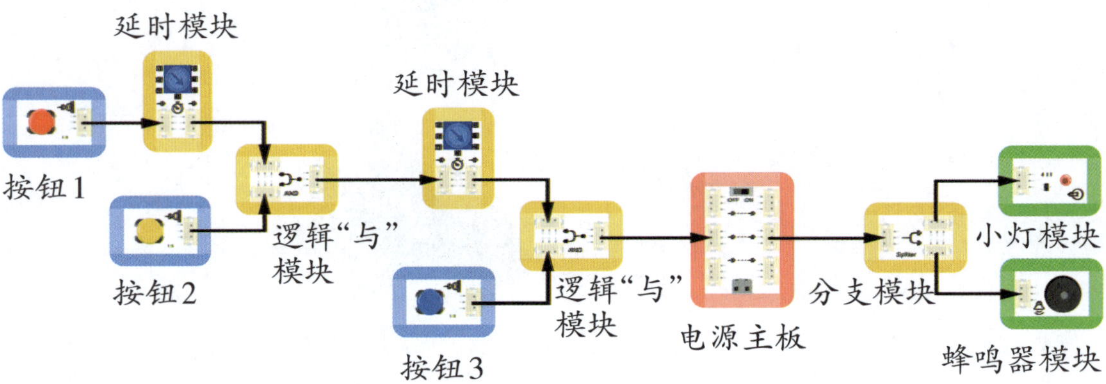

图4-2-1 “密码锁”元件连接示意图

3. 测试

线路搭建好之后，进行测试。注意给持续模块设定一个合理的时间，从而提高开关的准确性。

每一次检验完成之后，必须等设置的持续时间结束或者将所有设置归零，才能进行下一次操作，这就像我们在日常生活中开了门之后要将门再关起来一样，有一个重置的过程。

当然，也可以尝试按照错误的顺序按下开关，看看小灯模块是否会发光。

能力大比拼

麦克想：这样的密码锁存在一个漏洞——如果同时按下所有的按钮，密码锁就会打开。你能帮麦克解决这个问题吗？

我的作品

小贴士

尝试逻辑“非”模块，来提高密码锁的安全性吧！

我还想知道的事

麦克，你知道三个代表不同数字的按钮能够组成多少种密码组合吗？

六种。

对！那你知道10个代表不同数字的按钮能够组成多少种密码组合吗？

这个……我数不清楚了，一个个列出来太复杂了。

是的，如果一个个列出来将会是一个巨大的工程。在我们的日常生活中，最常见的密码便是由数字0~9组成的。这10个数字能够组成725760种不同的密码组合。

真厉害！看来不同的数字按键越多，就能提供越高的安全性！

4.3 抢答器

麦克的故事

多人同时举手时，抢答常常分不清谁先谁后，有什么办法可以解决这个问题呢?

Boson Kit来帮忙

电视节目中的抢答环节中，选手通常都使用抢答器，系统会精确判断并显示哪位选手最早按下了按钮。这个看上去很复杂的抢答器，用Boson Kit照样可以轻松制作出来。

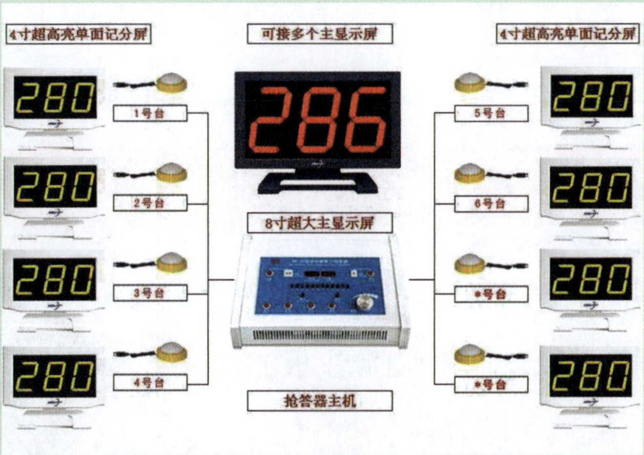

图4-3-1　常见的抢答器

线路与原理

抢答器除了要让先按下按钮的一方所对应的灯亮起外，还要阻止另一方所对应的灯亮起。具体的逻辑如下图所示。

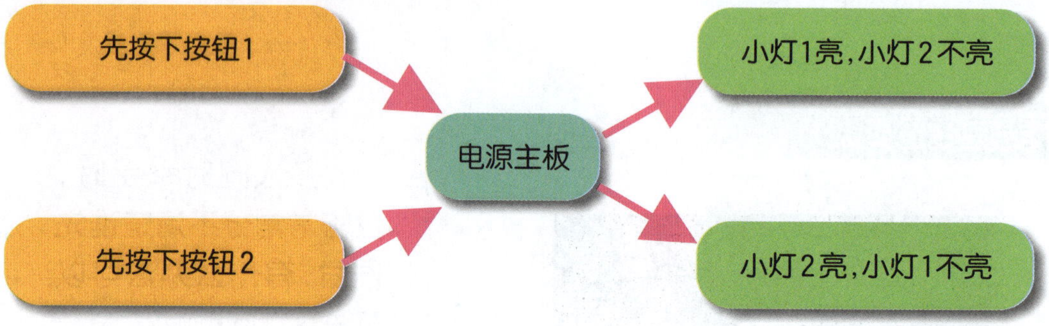

图 4-3-2 "抢答器"工作逻辑图

如何阻止较慢按下按钮的一方所对应的灯亮起呢？通过认真归纳可以发现：小灯亮起需要同时满足两个条件——一方的按钮按下，且另一方的按钮没有按下。所以，用逻辑"非"和逻辑"与"模块将一方按钮的状态输送到另一方即可。如图 4-3-3 所示，如果红色按钮按下，即使再按下蓝色按钮，也无法输出"真"(成立)的状态了。

动手制作

1. 元件

表 4-3-1 "抢答器"元件清单

类型	名称	图片	数量
主板元件	3IO电源主板		1

（续表）

类型	名称	图片	数量
输入元件	按钮模块	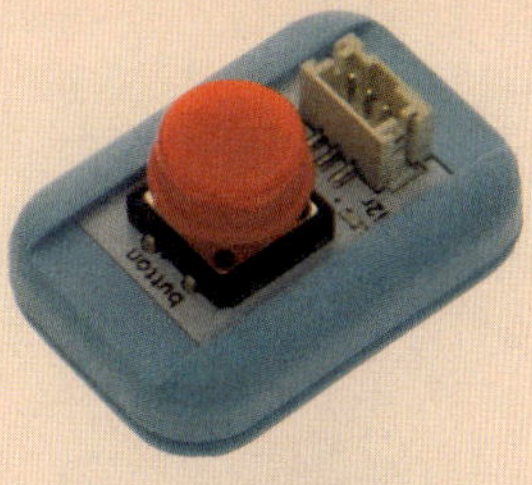	2
输出元件	小灯模块	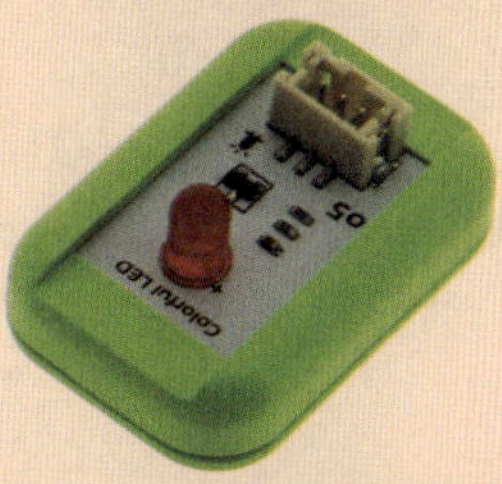	2
	逻辑“与”模块		2
功能元件	逻辑“非”模块		2
	分支模块		2

（续表）

类型	名称	图片	数量
其他元件	电源	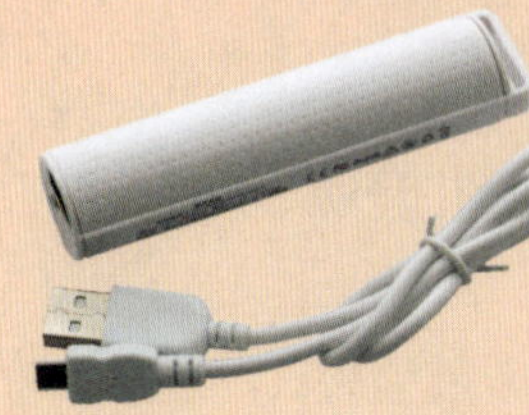	1
	导线		12

注：按钮模块和小灯模块都分别有红、蓝两种颜色，可以对应不同的选手。

2. 连接示意图

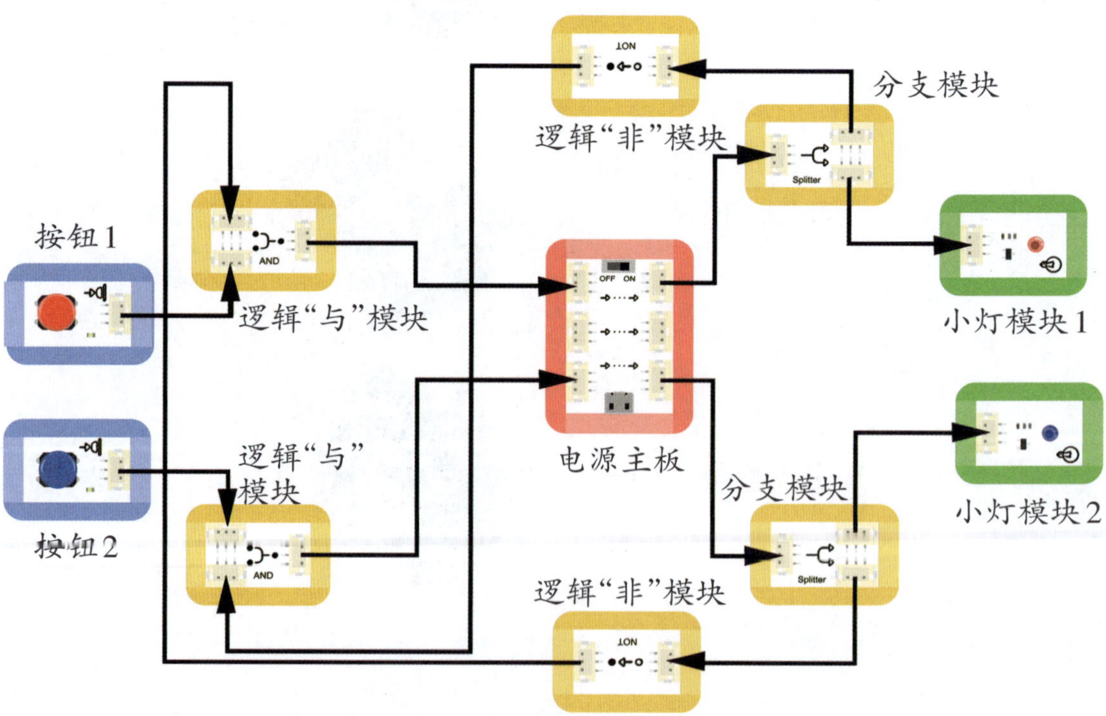

图4-3-3 “抢答器”元件连接示意图

看到这样的线路图，是不是觉得很复杂？其实，红色和蓝色两组线路是一模一样的，从分支模块出来的信号线经过逻辑“非”模块接入另一组线路的逻辑“与”模块。

以蓝灯先点亮的情况为例。当按下蓝色按钮，它发出的信号到达逻辑“与”模块，并输入值为“真”的信号。若此时没有按下红色按钮，则红色按钮发出的值为“假”的信号沿红色线路先到达分支模块，再通过逻辑“非”模块将信号的值从“假”转换为“真”，并输入到与蓝色按钮连接的逻辑“与”模块中。此时，这个逻辑“与”模块收到两个值为“真”的信号，即两个条件——“蓝色按钮按下”和“红色按钮没有按下”，都已成立，电源主板接收到此信号后，输出状态1，将蓝灯点亮。

按照这样的逻辑，蓝色和红色按钮总是在点亮自己对应的小灯的同时，阻止对方的小灯点亮，这样就完成了这个有趣的抢答器。

3. 装饰

用激光切割机做一个漂亮的盒子，看起来是不是很酷？

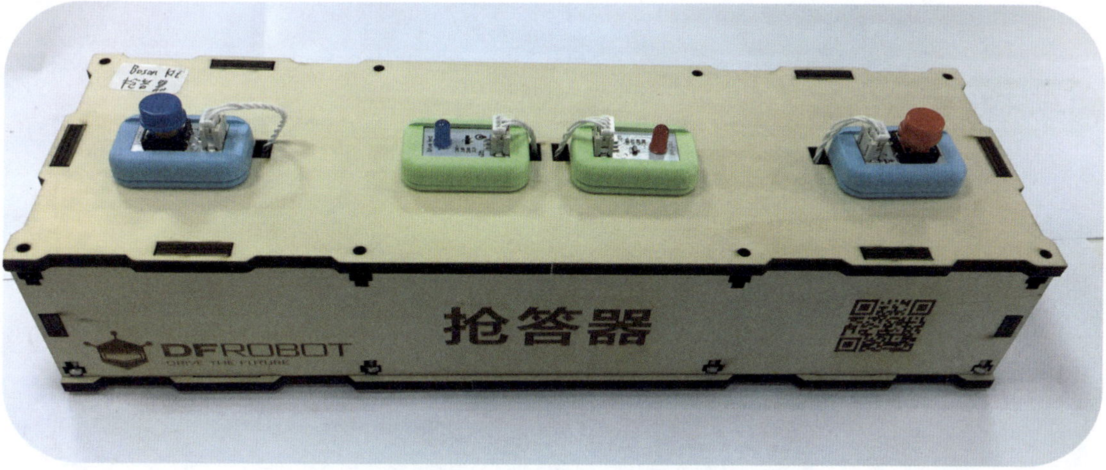

图4-3-4 “抢答器”装饰图

能力大比拼

我们制作的抢答器是供两个选手抢答用的，叫做“二输入抢答器”。在制作的时候也利用了主板的两个端口。那么，你能否将主板的三个端口都用上，做一个“三输入抢答器”呢？只有最先按下按钮的人所对应的灯才可以亮起，后按按钮的两人所对应的灯都不能亮。

我的作品

小贴士

一套Boson Kit套件的模块不够完成新的作品，可以找一找有Boson Kit套件的小伙伴，两套套件一起用，合作完成哦！

我还想知道的事

麦克，你知道抢答器和复古烛台有什么共通点吗？

我觉得这两个作品的连接线路都形成了一个循环。

没错，它们都在线路上形成了一个循环。利用 Boson Kit 产品搭建的的线路中，只要用导线搭建一个圈，就可以将输出端的信号再次引入输入端，这样就形成了一个循环。

小精灵，我好像在计算机杂志中看到过“循环结构”！

对！在计算机编程中有一种结构叫做“循环结构”，跟我们在 Boson Kit 中用到的“输入—输出—输入”循环有类似之处。在计算机编程中，循环结构更加智能，不仅能重复执行命令，还可以设置进入和跳出循环的条件，让产品实现更加复杂的功能。

拓展空间

自行车转向灯

麦克的故事

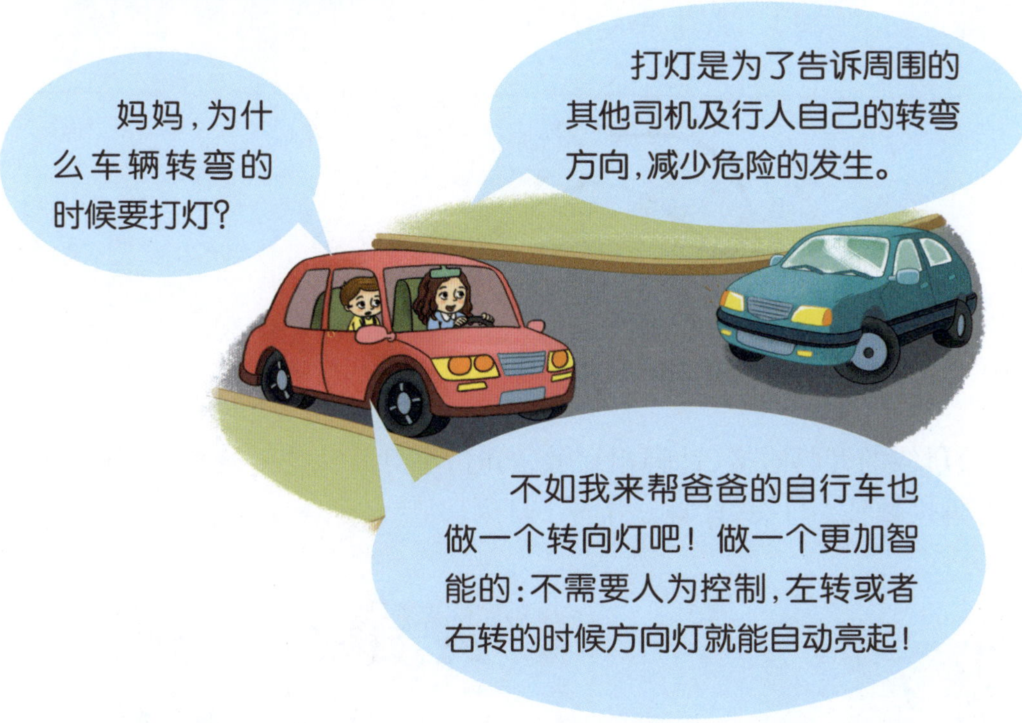

Boson Kit来帮忙

智能转向灯需要有电源主板和小灯模块。

为了了解转向灯的工作，来做一个亮灯测试吧！

如图1所示，将小灯泡连接到输出端，再用公母线的插脚分别与主板输入端上的针脚“D”“+”连接。公母线是一头带针脚，另一头是插脚的导线。

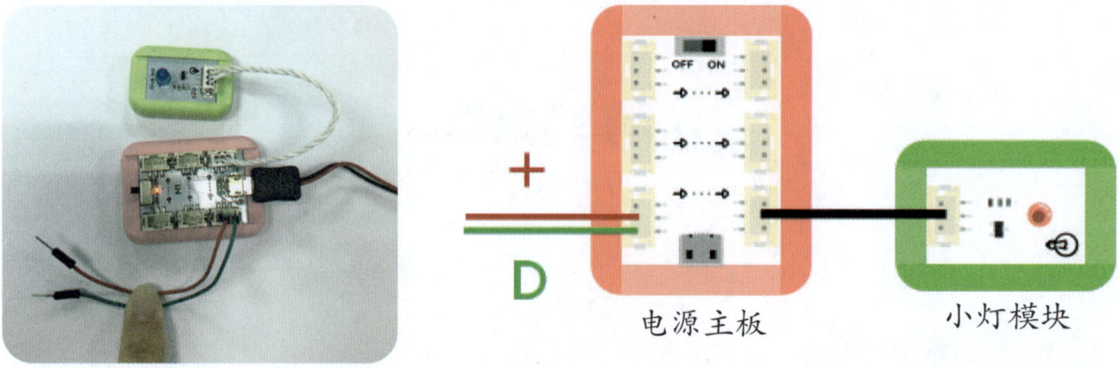

图1　亮灯测试元件连接示意图

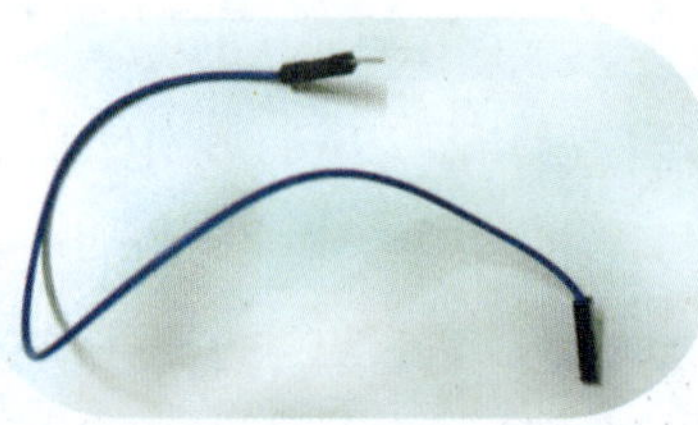

图2　公母线

将两条公母线的针脚短接(针脚相互触碰)时,小灯就会亮。这个功能就像按钮一样,针脚接触时小灯亮,针脚分开时小灯灭。

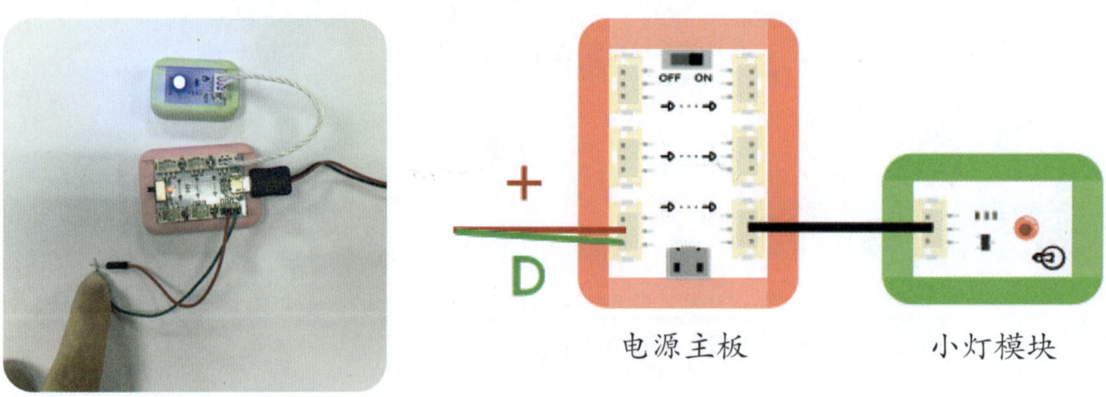

图3　亮灯效果示意图

测试结果还显示,每个针脚“+”都是通用的,只需要从针脚“D”接出导线,再任意找一个“+”接出导线,就可以点亮小灯了。

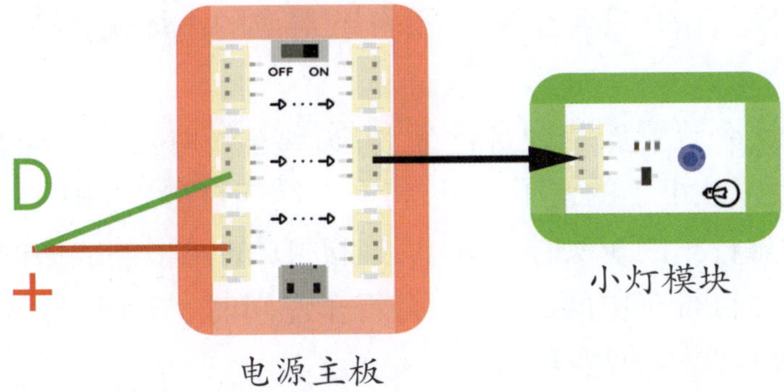

图4　针脚“D”与任一针脚“+”相连接

学会了这个新技能，就可以用Boson Kit做更多事情了，自行车智能转向灯也可以轻松实现：让自行车的车头左转时碰到控制左边小灯的控制线，左灯亮；右转时碰到控制右边小灯的控制线，右灯亮。如果自行车直行，两根线都碰不到，两个灯都不亮。

动手制作

1. 元件

电源主板上有三对输入输出接口，智能转向灯分左右两个，因此需要用到两对输入输出接口、两个小灯模块，以及3根导线或公母线。

2. 连接示意图

先将小灯模块分别连在输出端，然后用导线将该输出端所对应的输入端中的“D”引出来，如下图绿线所示。任意选择一个“+”也连出导线，如下图中红线

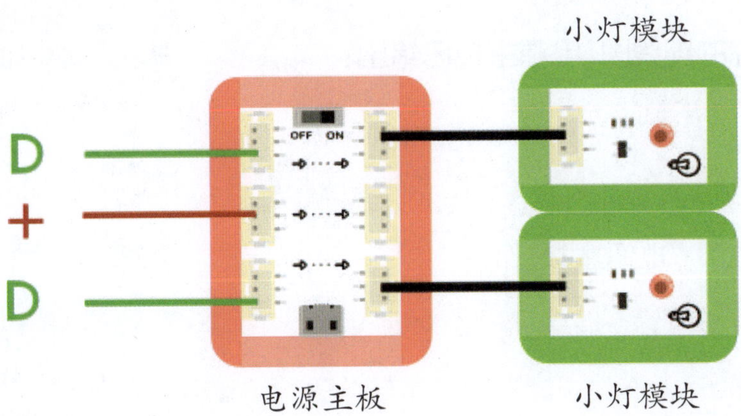

图5　“自行车转向灯”线路中“D”“+”接口连线示意图

所示。导线是可弯曲的，只要红线碰到绿线，对应的小灯就会亮起。基本结构搭建完毕。

接下来，把这个装置安装到自行车上，实现左转时左边灯亮，右转时右边灯亮。可以将主板藏在小车的篮子①里，将左右转向灯分别固定在车把两端②，接“+”的导线连接自行车的车头柱子③上，连接“D”的两根导线中的一根挂在车把上，另一根固定在自行车中间的位置，自行车左转时，与左边导线接触，右转时，与右边导线接触。这样，智能转向灯就完成了。

图6　自行车转向灯

能力大比拼

你能否做一个检测家里的房门是否处于打开状态的装置？门关闭时，小灯灭，而门开着时，小灯亮。

请画出你的连线图，电源主板已给出：

电源主板

小贴士

只要想办法让连接“+”和“D”两条线短接，就能输出高电平信号，相当于将按钮按下。

戈德堡机械设计

麦克的故事

你看这张图！只要有人碰一下装置中左下角的橄榄球，橄榄球就会打开装着小鸟的笼子，然后发生一系列连锁反应，最终熨斗点燃礼花，会散落出星星雨！爸爸说这个装置叫做“戈德堡机械装置”，是不是很神奇?!

太有趣了！我们来自己动手做一个这样的装置吧！

动手制作

1. 麦克的设想

麦克设计出了一个简单的装置：太阳光的照射引起风扇的转动，进而牵动水壶给植物浇水。

图1　麦克的设计

以下是麦克用到Boson Kit中的器件：

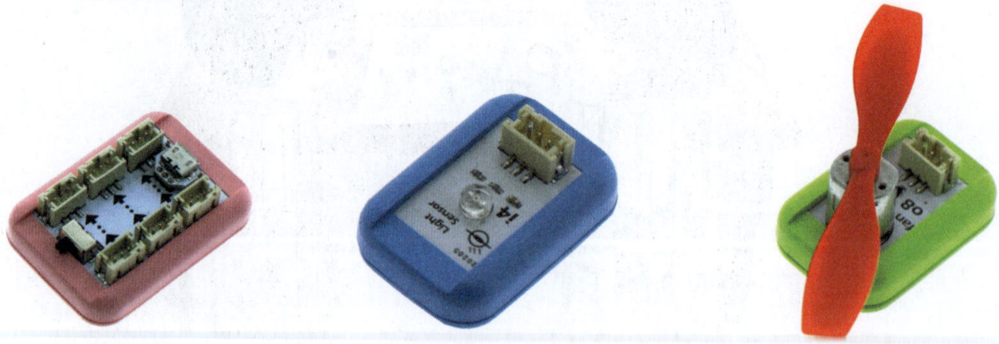

电源主板　　环境光传感器　　风扇模块

图2　麦克的设计中使用的元件

2. 艾迪的设计

麦克的朋友艾迪看到麦克的设计后，也认为很有趣，主动与麦克合作，并提出了自己的设计：当水龙头打开时，所有小球落地，如图3所示。

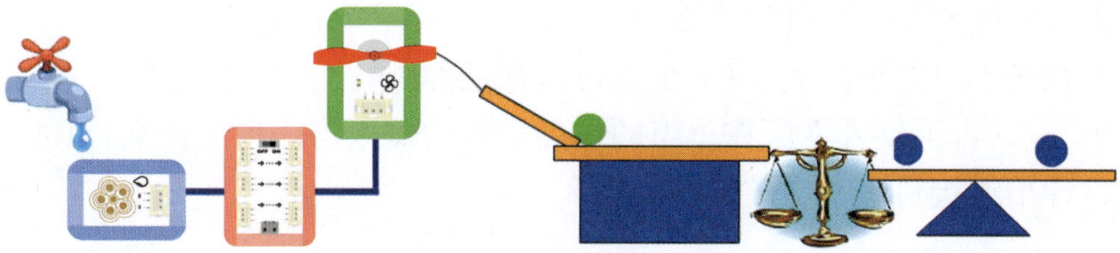

图3　艾迪的设计

麦克与艾迪交流后，发现他们的设计可以拼在一起，构成更大的戈德堡装置，如图4所示。

图4　麦克与艾迪的设计组合效果

这样的创意让麦克和艾迪感到很兴奋。他们赶紧把这个有趣的尝试告诉了更多的小伙伴，大家看过后都表示要亲自尝试，有的希望尝试新的设计，有的则想到自己以前的作品，可以使目前的戈德堡装置变得更加有趣、更加庞大。如：轩轩想在艾迪的设计后面加上之前学过的按钮小灯，当球掉下时，刚好砸中按钮，使得小灯亮起；乐乐想在轩轩的按钮小灯后加上改造版的复古烛台，让按钮小灯照射到复古烛台的环境光传感器上，然后让环境光传感器点亮小灯并用分支模块使蜂鸣器响起来；杰克和明明则打算通过乐乐的小灯和蜂鸣器连接更多的新装置……

大家决定给这个作品起一个响亮的名字——造物粒子大团圆。

动手制作

现在请你和班级其他同学也共同合作，完成一份作品吧！不妨发挥创意，先以小组为单位讨论出一个小型装置的构思，然后，再将全班各小组的想法整合成一个大型的戈德堡机械设计方案。

整合各小组的想法时，以下步骤可以帮助你：

第一步：告诉别人你所在小组的作品最初的输入与输出是什么，以便大家更好地设计出连接自己小组装置的方案。

输入（如环境光传感器）	输出（如小灯、蜂鸣器、风扇）

第二步：完善自己的作品。

我 的 作 品

小贴士

可以修改以前的作品，也可以设计新的作品。

第三步：整合班级各个小组的作品，“造物粒子大团圆”全新出炉啦！

不知道Boson Kit小精灵什么时候会回来呢？真希望让她看到我的作品！
小精灵！你终于来啦！我太喜欢你送我的礼物了！你知道吗？我亲手制作了好多作品！
亲爱的麦克，你真聪明！你制作的这些东西都非常棒，我很喜欢！
麦克，我这次还带了一些新朋友给你。
你好！我是Arduino小精灵！
你好！我是Scratch小精灵！
小精灵们，你们好！
你好！我是3D打印小精灵！
麦克，你今天看起来心情很好哦！
是的，妈妈！昨晚我认识了好几个新朋友，我要赶紧去学校，把我的新朋友介绍给同学们，一起开启一段新的奇妙旅程！

附录　Boson Kit兼容的其他模块

名称	图片	介绍
自锁开关	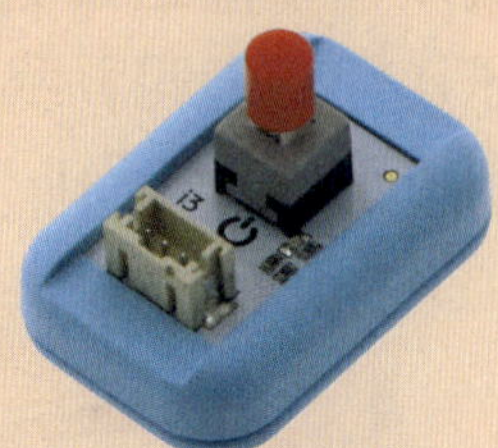	属于开关模块，与按钮的区别是，按键按下可以持续输出高电平，直到再次按下才会改变状态。
红外接近传感器	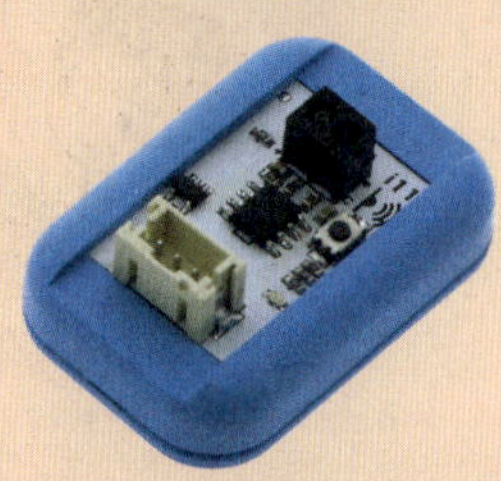	能够判断是否存在障碍物，并且可以通过转换按钮，控制有障碍物时是输出高电平还是低电平。
电导开关	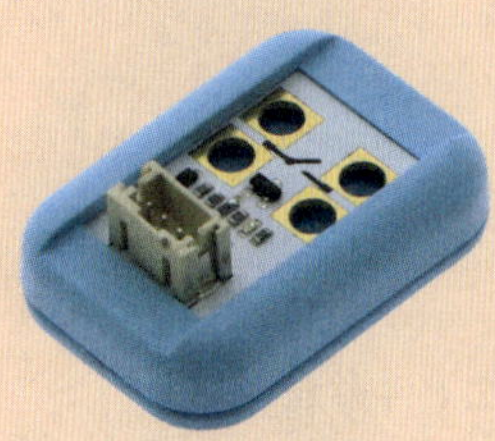	连接一定阻值的导体即可导通。
土壤湿度传感器	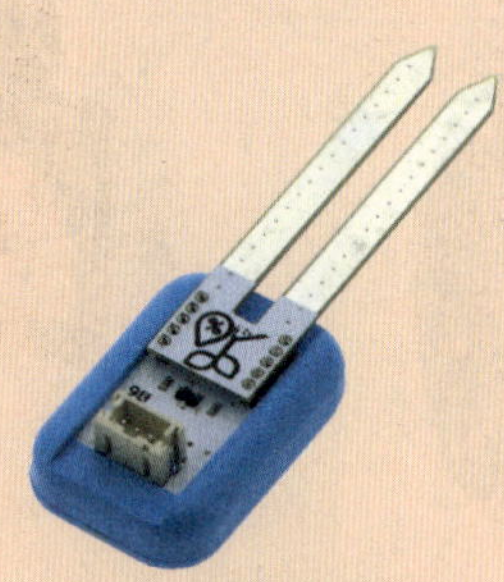	这是一种简易的水分传感器，可用于检测土壤的水分。当土壤缺水时，传感器输出值将减小，反之将增大。
摇杆模块		具有(X，Y)两轴模拟输出，可以用来制作遥控器等多种互动作品。

（续表）

名称	图片	介绍
PH值传感器		简单实用的PH计，通过测试探头可以轻松测出水溶液的PH值。
超声波传感器		可测探测一定范围内障碍物的距离。
高亮LED		能够展现出更亮的灯光效果。
彩色灯带		可直接用开关或者旋钮模块控制灯带的亮灭或者调节亮度，呈现出不同的灯光效果。
录音模块	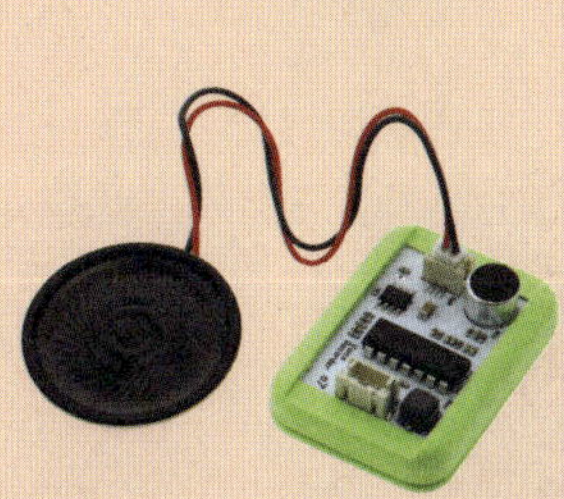	集成录放音功能为一体，可实现10秒音频录放功能。板载按键和麦克风可直接通过按键录音和放音，一按录音，再按放音。

（续表）

名称	图片	介绍
振动模块	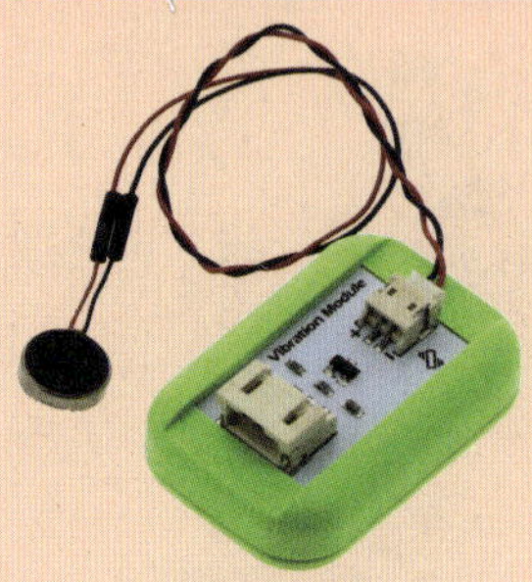	可以通过开关或旋钮模块控制振动的频率。
电机模块		可以通过信号输入控制转速和方向，也可以通过电机驱动模块设置旋转方向。
舵机模块		可以实现 0 ~ 180 度转动，通过舵机驱动模块可以控制舵机的转动模式。
计数模块	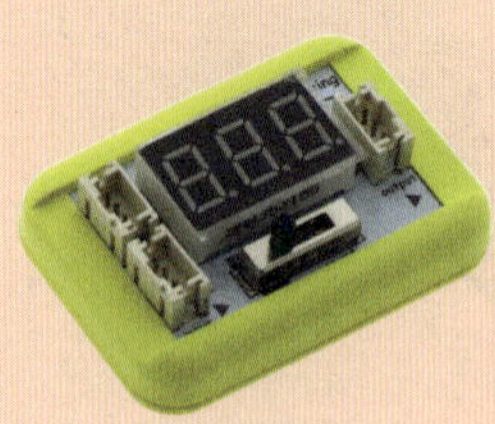	接数字传感器可作为计数器使用，接模拟传感器可以测量电压值。
时间暂停模块	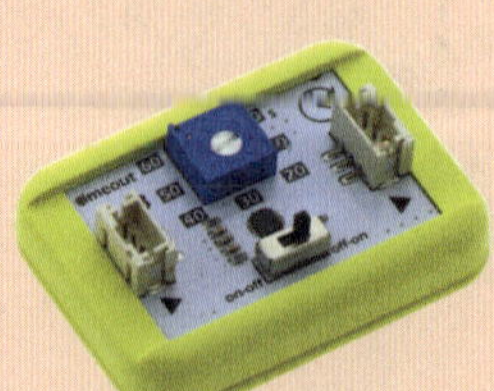	集成延时和延续两个功能，可设置的时间范围是 0s ~ 60s，让输出的信号保持一段时间或隔一段时间之后输出。